L'AMOUR À VERSAILLES

ヴェルサイユの女たち

愛と欲望の歴史

アラン・バラトン◈著
Alain Baraton
園山千晶・土居佳代子・村田聖子◈訳

原書房

1668年頃のヴェルサイユ

ルイ 14 世

ルイ 14 世の母后アンヌ・ドートリッシュ

モンテスパン侯爵夫人

ラ・ヴァリエール夫人

ルイ15世

マントノン侯爵夫人

ポンパドゥール侯爵夫人

ルイ15世妃マリー・レグザンスカ

マリー・ルイズ・オ・モルフィ
（ブーシェ『オダリスク』）

デュ・バリー夫人

マリー・アントワネット

ルイ 16 世

ヴェルサイユの女たち　愛と欲望の歴史　◉　目次

［……］は翻訳者による注記である。

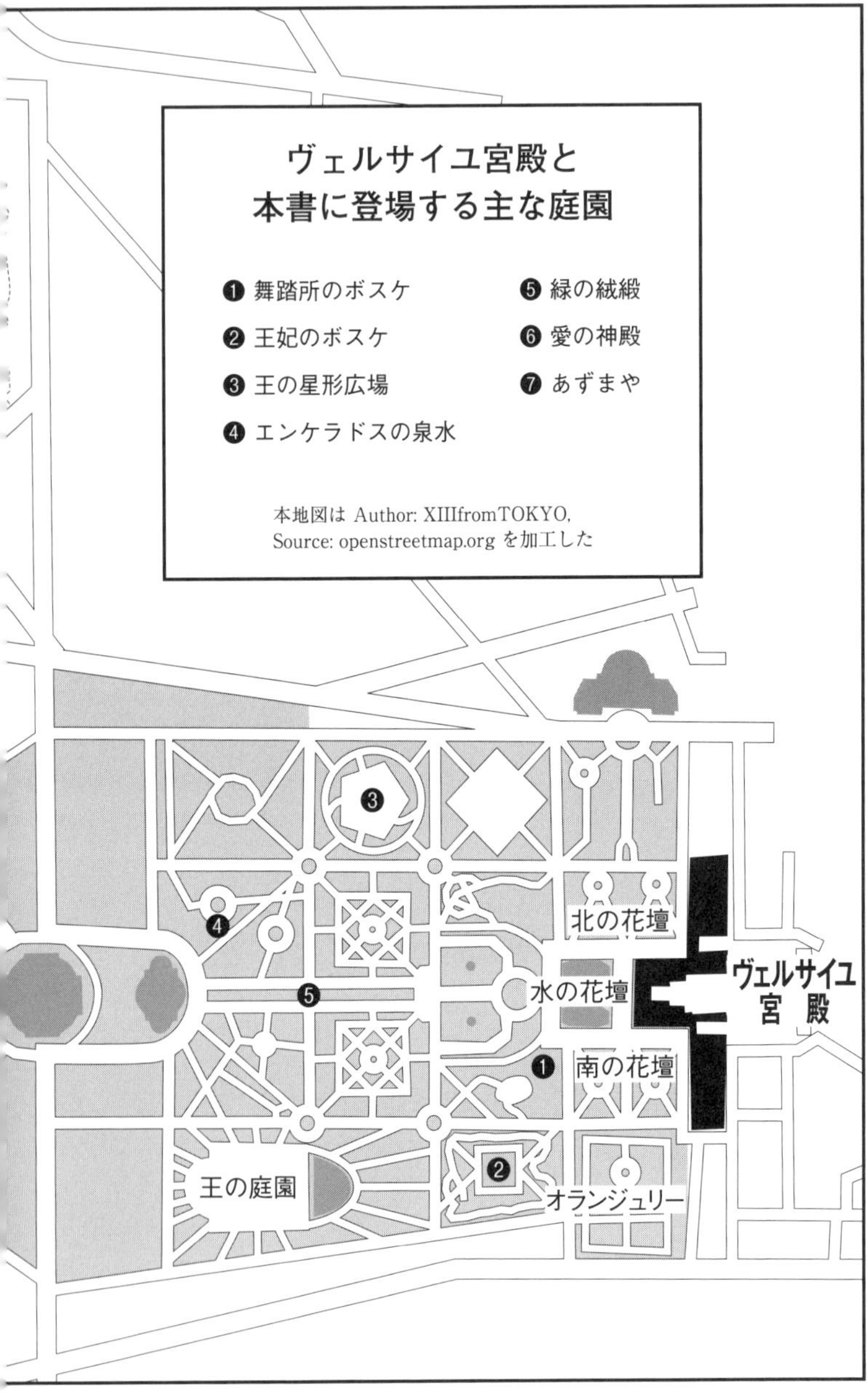
ヴェルサイユ宮殿と
本書に登場する主な庭園
❶ 舞踏所のボスケ
❷ 王妃のボスケ
❸ 王の星形広場
❹ エンケラドスの泉水
❺ 緑の絨緞
❻ 愛の神殿
❼ あずまや
本地図は Author: XIIIfromTOKYO,
Source: openstreetmap.org を加工した
北の花壇
水の花壇
南の花壇
ヴェルサイユ
宮殿
王の庭園
オランジュリー

王妃の
プチ・トリア
グラン・トリアノン
グランカナル（大運河）

序章　控えの間

一九八〇年代のある日、ヴェルサイユの庭師の仕事に就いてまだ間もなく、若かった私は、先端をいくピアノ柄のネクタイを締め、意気揚々とトリアノンの森を車で通っていた。野ウサギや、道に迷った歩行者をはねないように気を配りながら軽快にハンドルを切って、こんもりした茂みの続く道を進む。すると、突然茂みが動いた。何かいる。私は急ブレーキをかけて、目を凝らした。数メートル先にふたりの女が一糸まとわぬ姿で絡み合っていた。繊細に、そして執拗にお互いの体を夢中でまさぐり合っている。私は、そろそろとバックして慎み深くその場を離れようとした。そのとき、突如周りの茂みに十数人の人影が潜んでいるのに気付いた。のぞき見を楽しんでいた連中が「邪魔だ、早くどけ」とばかりにこちらをにらんでいた。

ここヴェルサイユでは、この手の話に事欠かない。もっとエキサイティングで、もっと淫らな話がいくらでも転がっている。もちろん王家の人びとの話も……。庭師として勤めた三十年の間にどれだけ多くの逸話を聞いたかわからないが、そのうちのひとつだけご紹介しよう。一九八二年のサミットのときのことだ。フランス大統領、フランソワ・ミッテランは、ロナルド・レーガンやマーガレット・サッチャーをはじめ世界各国の元首をこのヴェルサイユ宮殿に迎えた。世界中のマスコミがその様子をこぞって伝えたが、どこも報道しなかった話がある。アメリカのふたりの記者がなんと、王妃の間にこもって、ひそかに、あられもなく、愛を交わしていたというのだ。

ヴェルサイユはかつてのような権力の場ではなくなった。しかし、今なお、強力な魔力を秘めた愛の場であり続けている。ルイ十四世は、自らが建立したこの宮殿で多くの女性たちを誘惑し、ルイ十五世はポンパドゥール夫人を口説くのに熱中し、夫人のためにプチ・トリアノンを建ててしまった。ナポレオンはグラン・トリアノンの家具を新調して、婦人たちを次々と征服しようとした。セックスと権力は絶妙に合わさり、溶け合いながら危険なカクテルとなって、ヴェルサイユに抗うことのできないくるめく愛の媚薬を振りまき、今もその香りを放っているのである。

第1章　陰気な沼地ヴェルサイユ

ヴェルサイユ発祥の陰には、ひとりのフランス王妃と高級聖職者との凄惨な愛の物語があった。この陰謀に満ちた事件は、まさにロマン・ノワールである。ときは一五七二年か七三年のこと。宗教戦争のただ中、復讐に次ぐ復讐の時代である。ギーズ家、コリニー家、そしてレッツ家などが登場し、新教徒のユグノーや不満分子、カプシン修道会などが歴史をにぎわせていた。宮廷は二分され、大貴族たちは、弱体化してルーヴル宮に隔離された状態の当時の王家、ヴァロワ家に代わって権力を握ろうとしていた。

この頃のパリ大司教で王妃カトリーヌ・ド・メディシスの寵臣だったジャン＝フランソワ・ド・コンディは、ヴェルサイユにわずかばかりの土地を持っていて、これを広げようとしていた。コンディは、シャルル九世の財務長官マルシアル・ド・ロメニがこの地に土地を持っていることを知ると、近づいて自分に売るように迫った。しかしあっさり断られる。承服できないコンディは愛人関係にあったと思われる王妃に訴えた。当時五十歳を超えていた王妃は、いったいどんな愛撫と引き換えたのか、年若い愛人の懇願を聞き入れた。北イタリアのトスカーナからフランス王家に嫁いできた、オーベルニュ伯爵領主でもあるカトリーヌ・ド・メディシスという名の初老の王妃は、財政よりもかわいい男の幸せを優先させた。しかし、マルシアル・ド・ロメニは容易には屈しなかった。「陰気な沼地」であろうと何であろうと、ヴェルサイユの土地を手放そうとはしなかったのだ。

王家の要求に従わず自分の財産を死守するとはカトリック教徒にあるまじき行為だが、それもそのはずで、宗教戦争のまっただ中にあってロメニ家は、有力なプロテスタントとして、その頃急激に富を増やしていた。マルシアルは一五五〇年代に宮廷に入ったが、周りに支援者を作ることを怠った。というより、その暇もないくらいの勢いだったのだ。間もなく嫉妬と羨望の的となり、その富を奪おうと狙う者まで現れた。レッツ家などはその急先鋒だったが、王妃がご執心のコンディはそのレッツ家の一員だったのである。ひそかに陰謀が張り巡らされた。当時「ユグノーかぶれ」というだけで十分堕落の象徴として糾弾される材料になったのだ。謀られたマルシアルは勲位局の王の秘書役を解かれ、王の議会書記の役も外された。その後のことは、はっきりしていない。捕らえられ、投獄され、ゴンディへの土地売却証書へ無理やり署名をさせられた末に首をはねられたという説と、新教徒弾圧のサンバルテレミーの虐殺の際に絞殺され、子孫がほどなく改宗して十分な補償金と差し替えに土地を手放したという説がある。

可憐な姫君よりは意地悪な継母かドラゴンに似た、厳格で気難しく強欲な老女と、ジゴロの野心家の聖職者と、よく研いだ短刀を振りかざした殺し屋たちが奪った城ならぬ沼地、それがヴェルサイユだった。これがヴェルサイユにまつわるシニカルなおとぎ話の実体である。

このような貧しい土地をめぐって、なぜ惨劇が繰り広げられたのか？　ヴェルサイユの利点といえば、パリからブルターニュへ抜ける最初の拠点というくらいのものであり、牛の売買が有名であった。ほとんどの土地は未開拓で、暗く、冷たく、しかも放置すればすぐにじめじめした沼地になってしまう。かろうじて整備された道も柳やハンノキで覆われ、エニシダが縦横無尽に繁殖していた。極度な湿気で衛生環境はひどく、しばしば伝染病がまん延したため、人より家畜の数が多かったという。残されている数少ない文献によれば、ペストの流行は甚大な被害を及ぼしたらしい。住民といえば痩せこけた農夫たちで、衛生環境を整えるどころではなく、稼ぐことに追われ、旅人を襲う追いはぎ業に精を出すこともまれではなかった。資料によれば当時の人口は五百人だったが、喧嘩沙汰で警官が出動した記録は驚くほど多い。

一五二五年には、ブレンヌ伯爵が憲兵隊と数人の騎士、そして助役を従えてヴェルサイユに駆けつけ、住民を脅かしていた盗賊一味を追い払ったと資料にある。そのとき、首尾よく盗賊退治を果たした伯爵は、当時は貴重品であった鶏肉を食したらしい。また従者には羊一頭を注文したという。当時のヴェルサイユっ子たちが何に関心を示したのかがよくうかがえる話である。

しかしこの貧しい土地にも大きな魅力があった。野生動物が豊かで狩りにうってつけだったことである。カトリーヌ・ド・メディシスの時代の後王位についたアンリ四世は、しばしばアンリ・ド・コンディの誘いを受けては、猛禽を伴って狩りに「飛んで」きた。狩り場はほどなく愛の狩り場になる。「女たらし」のアンリはジビエ（鳥獣）を追いこみ、その後、女を抱いた。

まったく軽騎馬兵かと思うような粗野で不用心な振る舞いだが、なんと言っても戦争の世だ。フランソワ一世は宝石だけをまとった貴婦人たちを宮殿の食卓に招いたというが、そんな洗練された淫らさにあふれていた時代とは違う。フランソワ一世といえば、この王はフォンテーヌブローの豪奢な浴室に隠れて、若い女性たちが湯あみをし、化粧をするのを盗み見るのを楽しみにしていたという。ルイ十四世の二番目の正妻、謹厳で知られるマントノン夫人はこの話を知っていたのだろう。なにしろ、一六九七年、王フランソワ一世がのぞき見というけしからぬ行為におよんでいた浴室を壊し、新たに自分専用の浴室を造らせたのだから。

ヴェルサイユは当時、ギトリィが映画『もしヴェルサイユが私に語ったら』で描いたようにまったく未開の地だった。この映画のなかでは、王が通りかかりの農夫に「ヴェルサイユはどこか?」と聞くと、わからないと首を振る。アンリ四世は、完全にお忍びで旅のできるヴェルサイユ行きをことのほか喜んだ。ここへ行けば人目を気にせず好きに振る舞えたのである。こうして王はしばしばこの地を訪れるようになる。当時ヴェルサイユへ行くのはちょっとした旅行だった。実際にはパリの中心地からわずか二十キロしか離れていないが、都とは別世界が広がっていた。

王が休憩所に選んだのは、ヴェルサイユで唯一の宿屋「一エキュ硬貨をぶら下げた宿」だ。三つ星ホテルよりは場末の粗末な木賃宿に近い、のちに思想家のサン・シモンはこの宿を「ミゼラーブル・キャバレー(場末のひどい酒場)」と呼んだ。寝床といっても地面に直接わらを敷いたもので、ノミやダニ、シラミが這い回り、うさん臭い男たちがひしめいているところでの雑魚寝だった。ワインは劣悪で、宿のおやじはどうかすると監視の目をかすめて、もの盗りに変身する。バルザックの『赤い宿屋』の世界だ。しかしこのあばら家では、君主は隅っこにひとりでいても誰にもとがめられなかった。ヴェルサイユはパリからいくらも離れていないのに、はるか遠くに来たように感じさせた。王の未来の町としての複雑な要素が交じりあった場所だったのである。

ところで、ヴェルサイユの何が特に国王アンリ四世を惹きつけたのだろう。確かに、彼は繊細なタイプとは言い難い。しかし、そうはいっても宮廷の洗練された流儀のほうにより馴染んでいたはずだ。都の喧騒を逃れ静かな思索の時間を持ちたかったこともあるだろうが、それだけではないと私は思う。王の目的は女遊びだったのではないか。女にかけては良王《ボンロア》アンリは、まことに寛大だ。身分の違いなど関係がなく、小間使いとの色恋沙汰も大好きだった。

庭師の娘フルレットもそんな恋人のひとりだった。ある時期、アンリ四世はしきりとネラック城の近くに狩りに行ったが、お目当ては城の庭師の娘フルレットだった。一年も続いただろうか、そのうち王は娘に飽きて遠ざかり、娘は悲観して自ら命を絶った。このわが同僚の庭師の娘の心をいいようにもてあそんだことには私も恨めしい思いがあるが、それでもこの庭師の娘の名から「フルレットにささやく」という言い回しが生まれ、女性に甘い言葉をささやくという意味で使われるようになったのは、私にとっても少しばかり誇らしい。ヴェルサイユではフルレットのような名もない乙女たちが、野生のマーガレットのように無数にひっそりと、花開くときを待っていたのであった。

おとぎ話の王子様などどこにもおらず、ヒキガエルばかりが住みつき、どこをどう取っても薄汚れた沼地が、いったいどのようにして、世界でも有数の美しい宮殿に生まれ変わったのか？

魔法がかかるのには、さらにルイ十三世の治世を待たねばならない。

第2章　ルイ十三世の不器用な愛

ヴェルサイユに魔法をかけて変身させたのは、本人にはまったくそのつもりのなかったルイ十三世だった。彼のおかげで悪臭を放つ沼地は、あらゆる欲望を映し出す美しい鏡に変身したのである。しかし、最初の薔薇色の城を建てたときにも、ルイ十三世には特に計画があったわけではない。ことに彼は父王と違って女性を追いかける趣味はなかった。

ルイ十三世の幼少期は幸せとは言い難かった。彼が王位を継いだのは一六一〇年、九歳になったばかりのときだった。母の王妃マリー・ド・メディシスは摂政となり、厳格で、冷たかった。彼が十三歳で当時の王族としての成人に達したとき、マリー・ド・メディシスは息子に、君主としては「身体的にも精神的にも弱すぎる」との烙印を押して、政権から遠ざけた。これはルイを徹底的に傷つけた。「お前は王に生まれたのに、その資格がない」と言われたのは、自分が豆粒ほどの価値もないと否定されたに等しい。彼は母の眼差しに一筋の敬意も感じ取れなかった。

私事だが、私もまったく自信のない子供だった。私の両親は私のみじめな成績を心配しては、

「あんたみたいにできの悪い子、この先どうするの？」と言い続けた。だから何百年も前のことでも、私にはルイ十三世のつらい気持ちがよくわかる。幸いにして私には近くにいた祖父が救いとなった。今でもはっきり覚えているが、あるとき祖父が豊満な女性の載っているイタリアの雑誌を見せながら「お前のお祖母ちゃんは、結婚した頃、こんな胸をしていたんだぞ」と言ったのだ。こんななんでもないようなことが、ときには少年の気持ちを解放する。私はこのとき、はっきりと自分が「この先どうしようもない子供」から抜け出て大人への仲間入りができるかもしれないと認識したのだった。ルイ十三世には、周りに大勢の取り巻きがいたにも関わらず、私にとっての祖父のような存在がいなかった。

ルイ十三世は、亡くなった父王アンリ四世を偲んで、よく一緒に訪れたヴェルサイユへ向かい、ひとりで「一エキュ硬貨をぶら下げた宿」に泊まった。母は、息子がなぜ政務を執ろうともせず、ひとりでふらふらと出かけるのか訝しんだ。母は、王たる者があばら家に泊まるなど、とんでもないと言ってきた。この母后に対しルイ十三世は、ヴェルサイユに最初の小さな城を建てることで「自分の権威を誇示」したのだ。狩りの途中に立ち寄るための城なので小さくていいと言って、三千ヘクタールにもならないほどの土地を数人の地主から買い集めて建てた。

彼が初めてここに泊まるのは一六二四年三月九日のことだ。一度泊まると、その静かさと開放感に心から癒やされるのを感じ、お抱え建築家のフィリップ・ル・ロアに命じてあずまやを建てさせた。今も残る有名な煉瓦色のあずまやがそれである。続いて、王はポーム球戯場を造らせた。屋外にひとつ、屋内にひとつである。屋内のほうは賭博場《トリポ》と呼ばれる建物のなかで、ここには男たちだけがよく集まった。ここから「いかがわしいことをする」などを意味する「トリポテー」という言葉が生まれた。

パリの入口に位置する薔薇色の小さな宝石であり、母親の横暴から遠く離れ、ひとりで自由に羽を伸ばせるところ――ここは王にとっての格好の棲家となった。しかしルイ十三世は球技はうまかったが、女遊びにはまったく向いていなかった。むっつりと陰気で、しかもやさしい女心をくすぐる憂愁をおびたか弱さではなく、退屈な暗さをたたえた、おおよそ女性受けのしない王だった。いくら探してもスキャンダルもなければ、浮いた噂のひとつもない。これがあのアンリ四世の息子とは信じ難く、もっとも口さがない人びとの間では、別種だなどという噂も流れていた……。

王家でもっとも注目を浴びているはずのルイ十三世は、ナイトキャップをかぶった、退屈しきった男だった。長い時間ぼんやり過ごすことが多く、誰かにそばにいてほしいと思ったときに誘う言葉は、「窓辺に座って、ぼんやり退屈しよう」だったと言う。とはいうものの、ルイ十三世はなかなかいいルックスをしていた。面長で穏やかな表情と夢見るような瞳に繊細で有名な口髭は優雅な印象を与え、見ようによっては魅力的と言えなくもない。少年から成年へ成熟するにつれ、美しさを増していき、ダンスは上手で、騎士としても悪くなかった。にもかかわらず、彼に与えられた称号は「ペルソナージュ・リディキュル（変人）」だった。

王の侍医、ジャン・エロールは、王の誕生のとき、医者独特の頑固な、そして確固たる口調で「怒りの子」だと断言した。そして間違いなく屈強で血の気が多く、肉体の誘惑に身を滅ぼすと宣言した。ところが、この王は気晴らしをすることが下手で、品行方正である。面白みのない王で、おそらく歴代の王のなかで唯一、愛人を提供されなかった王であった。こうして王家の華麗なる寵姫《ファヴォリット》のリストは、アンリ四世からルイ十四世へと飛ぶことになるのである。

ルイ十三世の愛情生活のスタートはひどいものだった。一六一三年、母后マリー・ド・メディシスは、息子をアンヌ・ドートリッシュと結婚させる。十月に行われた結婚式に、ルイ十三世は侯爵を代理に立てて、姿すら見せなかった。この事件にはもちろん政治的な理由もあったろうが、私にはかなり象徴的な出来事に思える。私は十二歳のとき、水が冷たすぎるから嫌だと言ってプールに行かなかったことがあったが、そのことを思い出すのだ。つまりその程度の理由だったに違いない。

同じ年の十一月二十一日、再びボルドーで結婚の儀式が執り行われ、このときはもうさすがに「行きたくない」とは言えなく、ついにふたりの若者は顔を合わせた。ともに十四歳、ふたりとも恥ずかしがり屋で、無口だった。初対面のとき、お互いそれほど嫌な感じを持ったわけではないと思われるが、王の結婚であるいじょう、ただちにベッドを共にして、夫婦の契りを交わしたことを公に証明しなければならなかった。夜になったが、新婦はどうしたらいいかわからず、ただじっと身を固くするばかり。新郎も負けずに不器用だった。ドアの外では宮廷中が耳をそばだて、成り行きをうかがっている。初夜を失敗した王は、その後三年間、妻の部屋を訪れようとしなかった。と言っても、三年後もうまくいかなかった。こうしてふたりの最初の子供、のちのルイ十四世が生まれるのは結婚から二十三年後であった。

さらに一六四〇年には第二子、のちのフィリップ・ドルレアンが生まれたが、死産や出産時の妊婦の死もめずらしくないにもかかわらず八、九人の出産が普通だった時代としては、この夫婦の間の子供の数は異例に少ないと言わざるを得ないだろう。しかし少なくともルイ十三世は最低限の責務は果たした。世継ぎと、その子に万一のことがあった場合の代わりは世に送り出したのだから。当時のあらゆる文献が、王がいかに王妃とベッドを共にすることが少なかったかを示しているが、もっとも悪意のある、または鋭い指摘は、ルイ十四世はルイ十三世の子ではなくマザラン枢機卿の子だ、というものだ。しかもそうなるようマザランをたきつけたのは、王自身だったというのである。

パリの人々はこのことを面白がり、推測やら憶測やらが飛び交い、戯れ歌がルーヴル宮殿の窓の下にまで書かれた。

あの痩せこけたマザランのきんたまは大したもんだぜ
ひと突きすりゃ、王室中が大騒ぎだ

女たらしのアンリ四世の息子、ルイ十三世は父親の才能を引き継がなかったようだが、試してみなかったわけではない。一六二〇年の夏、ルイ十三世は恋に落ちた。相手は母后マリー・ド・メディシスの年若い侍女見習いだった。金髪に青い目の輝くばかりの美少女で、宮廷中から「オロール（あかつき）」と呼ばれたマリー・ド・オトフォールである。潔癖で、人々がからかうほど生真面目で強い性格の少女は十四歳になったばかりだった。王は三十歳になっていた。片や、狩りでも戦場でも勇敢さを讃えられ、女性の心をくすぐる繊細な口髭をたくわえた男（三銃士の時代だったので、美しい口髭は女性にもてる条件だった）、しかも王。片や、王妃アンヌ・ドートリッシュの侍女にあがったばかりの小娘。勝負は簡単につくと思われた。

しかし残念なことに、この恋が実ることはなかった。しかも毒舌家たちによれば、金髪の美少女のせいではなかったようだ。娘はデコルテから見える豊かな胸の谷間に愛の手紙を挟んで［当時流行していた恋愛作法で、女性が逢い引きの場所などを記した手紙を胸の谷間に挟み、男性は女性の乳房に触れそうになりながらもそれを取った］、王は肌に触れぬように長いピンセットを使おうとしたのだ！　王はどうにも厄介な堅物だった。このカップルは、手を伸ばせばすぐに触れ合えるところにいたというのに、ためらううちに固まってしまったようだ。娘はこの状況に息がつまりそうになっていた。

百合のもつ優雅さは
どんな薬も効かない傷
愛では決して癒やせない

子供っぽいつまらない歌だ。不器用なフランスの王は、マリー・ド・オトフォールにとって、なんとも滑稽でじれったい存在に見えたことだろう。一方のマリーはユーモアのある女性のようだったのだが……。ともかく少しの進展もない逢い引きが長いこと続いた。後世、マリー・アントワネットとルイ十六世のぎくしゃくとした出会いからの最初の日々が面白おかしく語られることが多いが、ルイ十六世はこのルイ十三世の血を受け継いだに違いない。

ルイ十三世とマリー・ド・オトフォールの関係を――少なくとも最初のうちは――宰相のリシュリューは応援した。カトリーヌ・ド・メディシスが侍女たちを使って情報を集めたのにならい、リシュリューもその手を使ってマリー・ド・オートフォールを意のままに動かそうとした。しかしマリーは、彼の思い通りにはならなかった。なんといっても、王の寵愛を得ているのだ、「何の苦労もなく」宮廷中を味方につけることができた。この時代はプラトニッククラブが流行りだったので、彼女の立場は何の違和感もなく受け入れられた。さらによいことには、プラトニッククラブであるために、教会から非難されずにすんでいた。

「長いこと純潔でいたため性格がきつく」はなったが、マリー・ド・オトフォールは、しだいに自分の影響力に自信を深め、政治に参加しようと思い始めた。しかし悪いことに彼女は、母后マリー・ド・メディシスの派閥に属していた、王と母后は何かと敵対関係にあるというのに。そのうえ彼女は王妃アンヌ・ドートリッシュの親友だったのである。妻といとしい女性の間に挟まれたルイ十三世は、なにもマリーを急いで愛人にすることはないと思ったのだろう、ふたりのその後の関係は進展のないままだった。

そして決定的なのは、リシュリューと政治的に対立したことだった。マリー・ド・オトフォールはリシュリューにとって「オロール（あかつき）」から「クレアチュール（いかがわしい女）」

になった。マリーは、リシュリューが周到にめぐらせた策略により、巧みにしかし確実に王から遠ざけられていった。まず宮廷を追われ、ルマンに近いサルトのフロット城にやられる。そして、間もなくアリュアン侯爵と結婚させられた。あかつきと呼ばれた美少女も三十歳になっていた。

この最初の恋が失敗に終わった後、ルイ十三世は、リシュリューがマリー・ド・オトフォールの代わりとして王に紹介した女性、ルイーズ・ド・ラファイエットにのめり込む。王の政治上の側近は同時に王の一番の女衒《ぜげん》でもあったのだ。ルイ十三世が相手とあっては、やや特殊な任務であったが。金髪のマリーの激しい性格に痛い目にあったリシュリューが選んだのは、正反対のタイプの女性だった。評判の美女で、出身は理想的な聖職者の家系だった(リシュリュー枢機卿の政治的野心にとってという意味だが)。叔父は、王妃アンヌ・ドートリッシュのお付きの司祭でリモージュの司教である。そして、王妃の第一侍女のスネスィ夫人も彼女の親戚であった。無邪気で純真な世間知らずとの評判の女性で、同じような政治的な陰謀が繰り返される恐れはない。リシュリューが描いた絵は完璧だった。

それは一六三五年二月十八日、マルディグラの祭りのときだった。王は、敬虔な澄んだ瞳をもつ女性に目をとめる。青白い顔に黒髪。従順な雰囲気の十七歳のルイーズ・ド・ラファイエットである。慎み深く、素朴で上品——狩人たちにとって格好の獲物だ。ルイ十三世のような女性扱いの下手な狩人にさえ、なんとかなりそうだ。神話に出てくる神の仮装をした王がダンスに誘う。ルイーズはすばらしい踊り手だ。リシュリューは小躍りして喜んだ。これはうまくいくにちがいない。王は夢中だ、ルイーズは大人しく従っている。ここまでくれば、あとは王が彼女に心を開くのを待つだけだ。ルイーズは抵抗できないだろう、王にも自分自身にも。ルイーズはもしかしたら「昼間は淑女、ベッドでは娼婦」かもしれないではないか。褐色の髪の美女は確かにその外見のしとやかさに似合わない、茶目っ気を秘めていた。それも、まだエチケットの確立していないこの時代でも少し度の過ぎた……。

あるとき、王家の集まりでいつものように退屈な会話をしていたときのこと、突然ルイーズがスカートが濡れたと言って、狂ったように笑いだしたことがあった。さっそく口さがない人々が筆を競ってからかい、こんな八行詩まで生まれた。

かわいいラファイエット譲よ
本当はどうだったのかい？
おしっこをしたのかい？
大広間で
神の王の前で
みんなの前で
おもらしをして
スカートを汚しちゃったのかい

ルイーズは美人だが馬鹿ではなかった。それより悪い、美徳主義者だった。さらに悪いことに、王もそうだった。じれたリシュリューが指南役を差し向けて、その気にさせようとしても若いカップルは愛を交わす気配がない。ふたりは魂の交換に熱心だった。長い会話を交わし、互いを称賛し合う。だがそこまでだ。ふたりはいつまでたってもプラトニックな関係だった。

一回だけ王が大胆な行為に出た……ように思われた。ルイーズをヴェルサイユへ誘ったのだ。リシュリューは、ようやくそのときが来たと思った。ヴェルサイユで、然るべきことが行われるに違いない、美しいルイーズは泣きながら、しかし満足して帰ってきて、母親にことの次第を打ち明けるに違いない。そして母親はすぐリシュリューに注進に来る。そうして……これですべてうまくいく……。しかし、どうしたというのだ、怖がらせてはいけないとでも思ったのか、ルイ十三世は、この期におよんでいつまでも話をしている。狩りのすばらしさを語り、彼女の話に耳を傾けていた。彼女をほめそやし、歌を歌ってくれと言い……ルイーズの歌声は天使の歌声らしい……。報告を待つリシュリューが、いらいらと地団太を踏んでいるというのに。王は夢中だった。だが女性に惚れ込むとひたすら崇め、何もできなくなってしまう。

リシュリューは途方に暮れた。堅物の王をどうすることもできない。そこで、ルイーズが風邪をひいたのを機に、ふたりを引き離してみた。恋人たちは手紙をやりとりする。リシュリューはそれを盗み読み、なんでもいいから何か淫らなこと、相手を欲しがっているようなことが書かれていないかと、探ってみた。何もなかった。書かれているのは、宗教の話、哲学論そして道徳論だった。これでは絶望的だ。思い余ったリシュリューは、ふたりの愛を燃え立たせようと贋の手紙にすり替えた（リシュリュー本人が書いたのだろうか？）。

ペテンはすぐにばれた。礼儀正しく感嘆にあふれた王の文も、信心深い洗練されたルイーズの文も、どちらも確かに真似しにくかった。シュリューは側近で彼の密使を務めていたボアゼンヴァルに罪をかぶせ、手を引いた。

一六三七年、ルイ十三世は再び攻勢に出た。ただヴェルサイユに遊びに行くのではなく、そこでふたりで住もうと誘ったのである。しかし、答えはすぐに届いた。同じ年の五月十九日、ルイーズ・ド・ラファイエットは、パリのサンタントワンヌ通りにあるヴィジタシオン修道院に入ってしまったのである。王は、ヴェルサイユで「一緒に暮らすのがいかに心休まるものか」を説いたが、ルイーズは「修道女になる」ことを選んだ。当時、女性の生き方は生身の男と結婚するか神の花嫁になるかのどちらかしかなかった。それは未亡人となった女性の多くが修道院に入ったことからみても明らかだろう。女性にとって、無理強いをしようとする男性から逃げるには修道院に入る以外の選択肢はなかった。しかしルイーズが修道院に入るには大勢の反対があった。パリじゅうからサンタントワンヌ通りに集まってきた人々が「どうか王のもとに留まってください」と懇願したといわれている。

王はひとり取り残された。フランスじゅうが見守るなかで拒絶され、王を毛嫌いする王妃にも見捨てられた。いったいどうしたらいいのだろう？　ルイ十三世が失恋の痛手を癒やすべくとった方法は、物理的に体を動かすことだった――男性だけを共にして。一六二二年、近衛騎兵隊を創設し、その整備に力を注ぐ。王は三十六歳になっていた。女性に懲りて、以来男性をはべらせるようになる。そのなかにサン・マルス侯爵の名で知られたアンリ・コワフィエ・ド・リュゼがいた。取り持ったのは、このときもリシュリューだった。リシュリューは現実主義者だ。王に女性を斡旋するのは大失敗だった、ふたりの頑固な女性たちを攻略することはかなわなかった。今度は男性に目を付け、一六三九年、美しいサン・マルスを宮廷に入れたのだった。

サン・マルス侯爵はそのとき十九歳。金髪の貴公子で快活で勇敢、しかも上品だった。ルイーズとマリーのよいところを合わせたような青年だった。王とサン・マルスはすぐに意気投合し、互いに親しみを感じ合った。若者の活気は憂鬱に沈む四十男を元気づけた。サン・マルスが寵臣の座を射止め、主馬頭に出世するのに時間はかからなかった。ルイ十三世は娘に、ドーマルタン伯爵領まで与えたのだ。タルマン・デ・レオの『イストレット（歴史秘話）』によれば、清純な愛が間近に迫っていた。いや、実ろうとしていた。王はたびたびサン・マルスを狩猟に伴ったが、ふたりの愛のための遠出だったという。サン・マルスは美しすぎ、ルイ十三世はあまりに女扱いが下手だった。歴史秘話が生まれるには十分だ。

いつのときの狩猟だったか、王は七時頃ベッドに入ったという。かろうじてナイトキャップをかぶっていたが、だらしない格好をしていた。二匹の犬がベッドに飛び乗って寝床を滅茶苦茶にしながら王に甘え、顔を舐めまわした。そこへ着替えに行っていた主馬頭が花嫁のように着飾って戻って来た。「こっちへ来い、こっちだ、早く、急いで」と、王は犬を追い払うとベッドの乱れもそのままに、寵臣を急がせた。そしてまだベッドに入る前だというのに、待ちきれないように手にキスを浴びせた。

タルマン・デ・レオによれば、残念ながらこのサン・マルスとの仲も長くは続かず、ド・オトフォールやラファイエット同様、不幸な結果に終わったという。ふたりの女性同様サン・マルスもしばらくすると死にそうに退屈になったのだった。

いったい誰が酔狂にもカップルの永遠の愛などを信じたりするだろうか? リシュリューは王のお気に入りを優遇したが、それは策謀の末のことだ。しかし彼の思惑を超え、サン・マルスは、ルイ十三世のもとを去った後、マントー王女マリー・ド・ゴンザグと結婚しようとした。リシュリューはこの結婚を阻止したため、サン・マルスの恨みを買う。サン・マルスは、仲間と騙《かた》ってリシュリュー失脚を謀るが、露見し捕らえられてしまう。このことは、リシュリューのみならず、またもや信頼を裏切られたと思ったルイ十三世の激しい怒りも買い、一六四二年九月十六日、サン・マルスはリヨンのテロー広場で処刑された。二十二歳だった。

第3章　ルイ十四世の冷厳な母アンヌ・ドートリッシュ

男の子は、誰でも、少なくとも小さな頃は母親にとって神である。それが本当に神のような天性に恵まれ、美しく、救世主のようにその誕生を待たれていたらどうなるか？　しかも母親がアンヌ・ドートリッシュだったら？　まさに息子に注ぐ母性愛は常軌を逸したものになった。

ルイ十四世は、一六三八年九月五日、サンジェルマン・アン・レーで生まれ、ディユドネ（神の賜り物）と言われた。まさにこの王子は「奇跡の結晶」だった。だが、少なくとも愛の結晶でなかったことは確かで、アンヌ・ドートリッシュは、愛のない結婚生活のなか、幾度もの流産を経たのち、二十三年後にルイを産んだ。ルイ十三世夫妻は実に激しく憎みあっており、アンヌは、夫の死後、まだ遺体にぬくもりが残っているときに夫の遺言状を破棄させ、自身が摂政になった。そしてまだ五歳にもならない新王の前にひざまずいた。アンヌは王妃としては輝けなかったが、母后としては輝きたいと願った。

スペインからブルボン家へ嫁いできたアンヌは、ルーヴルの峻厳と言われるほど堅苦しい女性だったが、時がたつにつれ解放されていき、一六一九年にはデコルテを着るまでになった。

それどころか、マザランと睦言を語り合う仲だとの噂も出るようになった。何の証拠もなく、真偽のほどはわからないが、民衆の間では、王妃は宰相の公然の愛人だったと言われ、こんな戯れ歌が残っている。

私が何に苦しんでいるのかって？
何をそんなに悲しんでいるのかって？
私が王妃のあそこやお尻のことをけなしたって言われているからだ
マザランは大ほら吹きだってさ
お尻もあそこもすばらしいよ
私は何も言っていない　怒らないでくれ
あなたには心から敬意を表している
あなたの尻の穴はすばらしい
あなたの炭火のように熱いあそこも
マザランは大ほら吹きだってさ
お尻もあそこもすばらしいよ

だが、アンヌ・ドートリッシュのどこを探しても炭火のように燃えているところなどない。

一六一五年にフランスに来たときのアンヌは、堅く内気な信心深い少女で、フランス語もほとんど話せなかった。みじめな初夜のあとはさらに殻に閉じこもり、スペイン風の生活を続けるようになる。特に王とベッドを共にすることは断固として拒んだ。十六歳になっても夫婦は寝室を別にしていた。リュイーヌ男爵夫妻の必死の説得に、若妻はようやく夫を寝室に迎え入れたが、さしたる成果はなかったようだ。閨房で実際のところ何が行われたのかを知る由もないが、エキサイティングなことも生産的なこともなかったようだ。その後も長いこと夫婦の間に子はできなかったのだから。そして、あの有名な嵐の夜が来た。ルイ十三世はルーヴル宮からサンモールへ向かう途中にひどい嵐に遭い、引き返した。夫婦が久方ぶりにベッドを共にしたその夜、アンヌは妊娠したのだという。これにはルイ十三世も驚いたという。

何はともあれ、愛くるしい顔のたぐいまれな赤ん坊が生まれた。嬰児は生まれたときすでに歯が生えていたという。地上に生まれ落ちた瞬間から女性を苦しませたわけだ、まずは乳を与える乳母たちが大変な苦痛を味わった。このとき、少なくとも三人の乳母が駆りだされた。ルイがかぶりついた乳房は、エリザベス・アンセル、マリー・ド・セヌヴィル＝ティエリそして、ペレット・デュフォールのものだった。

その様子を描いた絵が数枚残っている。ミイラのように布にぐるぐる包まれた赤ん坊が、乳を求め、ひとりの褐色の髪の女性の乳房めがけて口を突き出している。その口元には立派な歯が生えている。当時の流行の二重あごの女性は胸を片方はだけ、赤ん坊に乳首を差し出している。なぜ片方の胸だけをはだけさせているのか？　こうした細部に私は大変興味があるのだが、聖母を描くときも片方の乳房を見せる。両方見せるのは娼婦である。

すぐにルイは乳母のお気に入りを見つけた。アンスランの女房ペレット・デュフォールである。ポワシーの家畜市でルイ十四世の三か月前に生まれた子供に授乳しているところをスカウトされたのだが、実をいうと、ペレットにはちょっとした企業秘密があった。豚のハムの皮を使って乳房をルイの歯から守っていたのだ。「質素な装い」の、「平らな靴をはいた」乳母は夫とともに驚異的な出世をする。乳離れ（実に二年かかった！）すると王子たちの部屋付きの召使になり、間もなく母后の部屋付きとなった。一六五三年、十五歳になった王はペレット夫婦に貴族の証書を与え、夫婦は家と森を所有する。以来その森は「乳母の森」と呼ばれるようになった。

一六八八年に生涯を閉じるまで、ペレット・デュフォールは毎朝王の額に目覚めのキスをしに通った。王の寝室に通うにはそれなりの衣装でなければならない。当時の流行は大胆なデコルテだ。王の乳母は生涯にわたって毎朝乳房が半分見える衣装で王の額にかがみこんだ。若々しく豊かだった乳房が硬く干からびていくのを王は毎日見せられた。これはまたどういう「アルマ・マータ（聖母像）」、なのか？　いずれにせよルイ十四世は、毎日乳母の乳房を「お前を育てた乳房を忘れるな」とばかりに見させられたのであった。ごく幼い頃から女性にもてた王へのいわばメメントモリ（死を記憶せよ）のようなものであった。

ルイ十四世は非常に早熟だった。幼くしてすでに、「女に色目を使った」、もう少し品よくいえば「情熱的な気性だった」という。フロンドの乱のときは、わずか十歳だったが、親切にしてくれたパリの魚売りの女たちに愛想を振りまいていた。なにしろ、歩き始めたばかりの頃の彼のお気に入りの遊びと言えば、婦人たちのスカートの下から下へ走り回っては隠れることだった。当時の女性たちはパンティーをはいていなかったのである。裾の広がった釣鐘型のヴェルチュガダンの下にスカートやペチコートを重ねていたが、陰部を隠すものははいていなかったのだ。

何重もの薄手のペチコートの中を分け入っていくと、目指すところに行きついた。ルイ十四世はそこでかくれんぼをするのが大好きだったのだ。まだ片言しか話さず、十分に勃起もしないような幼児のたわむれとして、養育係を任されたマザランはそれを許した。無邪気で子供っぽい王の遊びは、婦人たちの母性本能をしっかりと刺激していた。ルイはその歳にして卑猥な遊びに興じていたのだが、先王との貧しい性体験しか持たない母后ですら、寛大な目で王子のいたずらを見守っていた。

しかし子供らしい罪のない楽園の日々は、すぐに終わった。ルイが十二歳になったとき、母后が本気で心配することが起きる。ルイがとんでもない大年増のグラマラスな女に入れ込んだのである。三十五歳をゆうに過ぎたションベール元帥婦人、あのマリー・ド・オトフォールであった。ルイ十三世の昔の恋人である。彼女はすぐに遠ざけられた、母后アンヌ・ドートリッシュにとっては因縁の宿敵である。夫のときは譲ったが、大事な子供をとられるわけにはいかなかったのだ。

一難は去った。しかしそれも一瞬のことだった。貞淑で気取りに満ちたプラトニッククラブが支配したルイ十三世の治世三十年間と、アンヌ・ドートリッシュの信心深い五年間が続き、宮廷はもう我慢の限界に達していた。三十五年間といえば、当時の感覚では二世代分である。二世代ものあいだ抑えられてきた欲情！　人々は心からうんざりしていた。王に性の手ほどきをするのが、国を挙げての一大レジャーになった。特にこの若者自身がのちに告白しているように、性の祭典へ迷い込むのを待ち構えていたのだからなおさらである。

　娘たちは快感に酔いしれ、母親たちは胸を躍らせ、祖母たちはアンリ四世を知っていたことを鼻に掛けてはなにかと口出しをしたがった。ルーヴル宮の回廊は性の展示場になった。女性たちは押し合いへし合いして、最初に必殺のウインクをしたり、鈴が鳴るような笑い声をたてて王の注目を惹くのを競った。デコルテはより刺激的に、化粧は蠱惑的になり、「誘いを待つ寡婦」色（薄紫）や「キスしてよ」色（淡いバラ色）の靴下をはいた。

　性的魅力が増すと信じられていた付け黒子《ほくろ》が流行って、情熱家は目の下に、キスしてほしければ口元に、秘密の恋が好きなら下唇に、高貴ぶりたいときには額に黒子を付けた。誰よりも挑発的にしようと鼻の上に付けた女性もいたが、さすがに誘惑どころか失笑を買っただけだった。付け黒子ブームはさらに過熱して、首や胸に付けたり、どこからでも目立つ大きな「必殺黒子」を張り付ける女性まで現れた。実は皮膚の吹き出物を隠すにも役立ったようなのだが。

　なかには、王が通るときを見計らって、しゃっくりが出たとか、めまいがしたとかでコルセットを緩めてみせたり、気絶するふりをする女性まで出てくる始末だった。とにかくあらゆる女性の眼差しが王だけに注がれた。彼女らの望みはただひとつ、王とセックスすること。まったくなんという天国か！

一六五一年、ある噂が宮廷に流れた。イザベル・シャティヨン嬢なる女性が王を手淫した、というのである。すばらしい愛撫に小さな王子もたまらず射精したそうな。女性たちはざわめいた。軽蔑する者もいたが、ほとんどは興味津々だった。彼女たちは、どうやって成功したのか知りたがった。どのように愛撫したのかではなく、どのようにしてアンヌ・ドートリッシュの目をかいくぐることができたのか、に質問が集中した。しかし、イザベルは得意になりすぎたようで、ほどなく母后に宮廷から追い出されてしまった。

肉体の快楽と無縁に過ごしていたアンヌ・ドートリッシュは、信仰生活の影響もあり、年を経るにつれ、口うるさい老婆になっていた。息子を溺愛し、ろくでもないどこかの馬の骨に息子が快楽を与えられるところなど見たくない、という過保護の母親そのものになったのである。どんな小さな噂にも神経をとがらせた。あのマザランがムランへの遠征の折、王をいじめたと耳にして、宰相を責めたりもしている。母后は扉に閂《かんぬき》をかけ、毎晩息子がひとりで寝ているかどうかを確かめ、翌朝のシーツを詳細に調べさせた。しかし、どれも無駄な努力だった。いくら駆除しても新しい女性たちが群れをなして押し寄せてきたのだ。

本当の危険は思いもかけぬところからやってくる。どこでもいつの時代でも、警戒の薄いところを突かれるものだ。ボーヴェ男爵夫人カトリーヌ・ベリエはその頃ゆうに四十歳を超えていた。その彼女がルイ十四世の最初のセックスの相手となった。年齢に加え、抜けている歯や虫歯があり、体の線は崩れ、胸は垂れ、それればかりか梅毒で片目を失っていたという。「片目のカトー」と呼ばれ、身持ちが悪いことで有名な女だった。しかしこの片目の女性こそ、童貞の王の初体験の相手、王に女性の扱い方を教えたのだと、当時の宮廷について多くの書簡を残したプランセス・パラティーヌは書いている。

それが事実かどうか怪しむ声もあるが、王はその後もときおり彼女を訪れており、また、王からカトリーヌ・ベリエに下されたものだという――ルイ十四世の建築家としての一面ものぞかせる――オテル・ド・ボーヴェを見れば、あながち根拠のないこととも言えないだろう。オテル・ド・ボーヴェは、今はパリの控訴行政裁判所になっている。

最初の勲章は片目のカトーに持っていかれたが、宮廷の女性たちがそれで静まったわけではない。十五歳になった君主は美しい少年に育っていた。黒い瞳に金髪がかった栗色の髪、しかもダンスの名手、と女性を夢中にさせるものをすべて備えていたのだ。リュシー・ド・ラ・モット＝アルジャンクールは王のダンスの相手を務めて慎みを忘れ、マリヴォー嬢は王が通りかかったとき「たまたま」コルセットが外れた……。特にアンヌ・ドートリッシュとマザランの頭を悩ませたのは、リュシーだった。有力貴族出身のこの青い目の美しい侍女は野心満々だった。母后は、息子が神の道を外れないか、純潔と美徳の道から遠ざかりはしないかと心配した。彼女は息子にさんざん説教をしたものの、それでも足りず、リュシーを一番安心できるところ、つまり修道院に入れてしまったのであった。

王に近づこうとする女性たちのロンド（輪）は途切れることがなかった。王はといえば、望みはただひとつ。彼女たちに近づくことだった。ところが、侍女たちの監視役、ナヴァイユ嬢はまことに役目に忠実で、従順とはいい難い若い女性たちの群れに目を光らせていた。それでも王はめげなかった。幾多の関門を乗り越え、くぐり、窓に飛び移ってはそこから侵入した。ナヴァイユも負けてはいない、鉄柵を設け、鍵をかけた。これで羊の群れは守られる。王は柵を叩き、地団太ふみ、少しでも隙間を広げ、そこから手を伸ばすと閉じ込められた囚人のだれかれとなく唇に触れ、腕を愛撫した。すると翌日には柵は格子に取り換えられた。後日、自分で城を造るときルイは決して窓に鉄柵や格子を作らせなかったという。

アンヌ・ドートリッシュは気落ちし、マザランはこれを好機ととらえた。宰相は姪のマンシーニ姉妹「マザリエット」を呼び寄せる。姉妹のうち、ロールは評判の美女、オランプはダンスの名手、もうひとりのマリーは……特に目立った長所はなかったが、それでも構わなかった。三人いれば誰かひとりくらいは王の目にとまるだろうと考えたのだ。なんといっても、マザランは王の養育係として、王とは身近に接している。三人の姪のことをほめちぎっては売り込むことができるだろう。実のところ、王に取り入ろうと熱心だったのは三人の娘より叔父のほうだった。母后もこのときは三人が高貴な生まれであることを好意的に見ていた。息子が性愛よりも、父王が完璧な模範をみせたようなプラトニックラブを選べば、王家の名誉は保たれるのであった。

最初に王のハートを射止めたのはオランプだった。夏空の下、王とオランプは腕を組んで祭りや舞踏会やさまざまな遊戯の場に現れた。当時のパパラッチ——というのは宮廷人たちのことだが――は大騒ぎした。アンヌ・ドートリッシュはあわてて息子と王国の純潔のための祈りを捧げさせた。そこで、マザランは背後で動き、一六五七年二月にオランプを別の男に嫁がせた。こうしてこの一件にも幕が引かれたが、当のルイ十四世は特に苦しむ様子もなかった。これが、無理やり別れさせても問題がないというよい事例となった。

一六五八年、王は今度はマリー・マンシーニに興味を示し、人々を驚かせた。誰もがマリーのことをちっとも美しくないと思っていたからだ。「やせっぽちで、腕も首も折れそうに細い。色は浅黒く、大きな黒目には光がなかった。口は大きくて薄い。歯を除いては、とても美しいとはいい難い」とモットヴィル夫人が書いている。とにかく、ひょろひょろとした口の大きな娘で、いわばジュリア・ロバーツのような女性だった。肖像画を見ると、決して悪くない。私の目にはそう見える。シャープで静かな雰囲気、眉も口もはっきりした輪郭をもち、なにより当時もてはやされた二重あごでないのがいい。もっとも片目のカトーがいい例で、ルイ十四世には醜女趣味があったようだが……。

ルイは、かなり以前からこの褐色の髪の美女のことは知っていた。だが、最初は気にも留めなかった。その頃、ルイの心を占めていたのは他の女性たちで、オランプの丘にヴィーナスを探しに行ったり、ブロンド美女とのセックスを楽しんだりしていた。一六五八年には、そのひとりは結婚して妊娠し、ひとりは修道院に入ってしまった。王の心には隙間ができていた。マリー・マンシーニはどんな手を使ったのかわからないが、そこに入り込んだのである。王が病気になったときに看病して、涙を浮かべていたのに王がほだされた、と言う者もあれば、彼女の教養に王が惹かれたのだという者もいる。

私は特にロマンティストではないが、この件に関してはあまり疑い深くなる必要はないと思っている。このふたりは真面目に愛し合ったのだと思う。このイタリア娘が古典の教養を持って王を教育し、そして愛を勝ち得たのだとよく言われるが、私はその説にはまったく同意しない。もしルイ十四世が古典を学びたいと思えば、本も教育者も身近にいくらでもあった。そうではない。マリーが王にもたらしたのは、当時男性よりもっぱら女性が好んだ物語の世界だ。幼いルイがプルタルコスやセネカにあくびをかみ殺していた頃、幼いマリーはルネサンスの詩人アリオストに夢中になっていた。サン＝シモンはマリーのことを「マザラン家の姫君のなかでもっとも常軌を逸しているが、もっとも優秀でもある」と評したが、マリーは読書に培われた豊かな想像の世界に王を誘った。英雄の冒険と高貴な行為と勇気、そして愛の世界……。王は英雄の世界に自分自身を投影させることに喜びを見出した。

ふたりはお互いの瞳のなかにお互いの心を見、アリオストの壮大な叙事詩『狂えるオルランド』の人物になりきった。よほど気に入ったのだろう、ルイはのちに、実際にこの物語を祝宴で演じて見せている。ふたりはおとぎ話の世界にいたのだった。そこで互いを相手の差し出す鏡のなかに見ていた。マリーの眼差しには称賛と崇拝が込められており、のちに太陽王と呼ばれるルイにとっては理想的であったのだ。

おとぎ話の世界はしかし、長くは続かなかった。若者たちは大胆すぎたようだ。秘密裏に交わしていた手紙が見つかり、ふたりの愛が手紙のなかだけに収まっていないことが知られてしまったのだ。宮廷中がその噂でもちきりになった。人々の関心はただひとつ、「ふたりは、できているか？」だった。純潔派も反純潔派もそれぞれが情報をひけらかしあっては、ああでもない、こうでもないと騒ぎ立てた。

マリーの処女擁護派のなかでも、意見はふたつに割れた。片やマリーは美徳を守って処女でなければならないと言い、片やルイ十四世と結婚するといいと野心を秘めつつ願った。とにかく人々の話題はふたりのことで持ちきりになった。軽いキスを交わしたとか、ふたりで笑っているといったことで騒いでは、独唱ミサどころではなくなった。ルイとマリーのカップルは若く美しく、あらゆる羨望と中傷の的となった。あまりに宮廷が騒がしいので、ローマ教皇はフランス大使を呼びつけ、なぜ王は宰相の姪をそれほど愛しているのか、と尋ねたほどだという。アンヌ・ドートリッシュは怒り狂った。息子を呼びつけ、さんざん息子の恋人をけなしたが、何の効果もない。ルイは、母親の干渉から逃れるために、距離を置こうとしただけだった。マザランはというと、慎重に黙っていた。誰が賛成の意思表示などできようか。

王には愛の喜びに加えて、うるさい母后の目をかすめる楽しみが増えた。そして、ちょうどその頃、リヨンへの旅の機会が巡ってきた。母后はエネー修道院に泊まり、マザランは痛風で動けない。またとないチャンスだ。恋人たちは、マリーの監視役のヴェネル夫人をうまくまくと、夜のリヨンの狭い路地を利用して落ち合った。そしてこのフランスとイタリアの間のルネサンス様式の街で結ばれた。ルイ十四世はこのときの思い出を大切にしていたようで、最晩年、この町のベルクール広場に有名な騎馬姿の銅像を建てさせている。

母后は復讐を果たすために居室に隠し持っていたものがあった。ベラスケスが描いた少女の肖像画である。アンヌ・ドートリッシュと同じスペイン王室の血を継いだ思春期に達したばかりの、お世辞にも美しいとは言えない小柄な少女の姿が描かれている。一方、ピレネー山脈の向こう側の不器量な少女は、ノクレが描いたルイ十四世の肖像を毎日眺めていた。ごてごて飾り立てた鎧姿、青い羽根飾りのついた装飾過多の兜《かぶと》をかぶって勝ち誇った顔の肖像画である。アンヌ・ドートリッシュは戦闘には負けたかもしれないが、戦争には負けなかった。彼女は二十年かけて復讐を果たそうとしていた。すでに肌の張りはなく、うっすらと口髭が浮いていたが、その存在感は絶大だった。肖像画の少女マリー＝テレーズ・デスパーニュはルイ十四世の誕生の五日後に生まれ、ヨーロッパでもっとも高貴な血筋のひとつに連なる。フランスとスペインの宮廷は、ふたりの成長を待っていたのである。

アンヌ・ドートリッシュは、自身の結婚がフランスとスペインの結束を確固たるものにすると見なされていたことを思い出していた。この結婚はおぞましい大失敗だった。ルイ十三世はまったく男としての用をなさず、アンヌ・ドートリッシュは一度も女としての喜びを味わうことがなかった。今や権力を手中にした母后に絶頂感を与えられるのは、息子のひとことだけだ。マリーをブルアージュへ追いやろうとしたアンヌ・ドートリッシは、ルイに「スペインとの結婚」をせまり、「若気のあやまち」の相手であるマリーにつれづれの慰めとなるであろう真珠のネックレスを贈ってもいいと言った。

しかし、ルイ十四世は母を恨みさえしなかった。むしろ王は母から国を治めるとはどういうことかを学んだのであった。引き裂かれた愛の物語は、ラシーヌが『ベレニス』を構想するもとになったと言われているが、王はきっぱりあきらめ、振り返らなかった。盛大な婚礼の準備に没頭してマリーからの手紙も読もうともせず、何か月もたってやっと手に取った。一六七二年、コロンナ大元帥と結婚したマリーが、夫の度重なる裏切りに憤慨してヴェルサイユに王を訪ねてきたときも、会おうとしなかった。

ルイ十四世誕生のとき、王の揺りかごを多くの妖精が取り囲んでいた。そのなかに忌まわしく、偉大な魔女が混じっていた。母后だ。王は、死の床で母のことを「歴史上もっとも偉大な君主だった」とたたえている。しかし彼女は王の最初の敵でもあった。厳格で尊大で意地悪な暴君だった。私はふたりの間に誇りは見ても、愛を感じることはできない。それは王が一六六〇年にフロンドの乱と母后の思い出から逃れるため、ヴェルサイユに移ることを決めことによく表れている。

第4章　扇とついたてと秘密の愛

扇の陰であくびをしたら、あっちへ行ってよ、あなたにはうんざり！
右肩の上に扇をたてたら、憎んでいるわ
地面に向けて下ろしたら、軽蔑するわ
閉じた扇が右の目に触れたら、ねえ、いつ逢えるの？
閉じた扇をあなたに向けたら、ずっと一緒にいたいわ
閉じた扇で剣の真似をしたら、えらそうにしないで！
右手で扇をあげたら、信じていいの？
扇で目を隠したら、愛しているわ
扇をあなたに渡したら、すごく気に入ったわ
閉じた扇で左の耳を隠したら、秘密をしゃべらないでね
扇を胸に当てたら、私は一生あなたのものよ
ゆっくり扇を閉じたら、すべてオッケーよ！

鏡の間ができた頃、秘密の愛、つまり誰にも知られない関係が流行っていた。扇はおしゃれのためばかりでなく、秘密の愛の小道具としても欠かせないものになっていた。婦人たちは、扇であおりながら秘密だけはまきちらされないようにした。この扇をフランスに持ち込んだのは、アンリ四世妃マリー・ド・メディシスだった。彼女の生涯は知られていないことが多いが、この扇を効果的に使ったようだった。しかしいくら扇で隠そうとしても、秘密を隠しきれなかった女性もいた。アンリエット・ダングルテールである。

暗殺団から逃げるため、二歳にして田舎娘に化けて英国からフランスに渡り、路頭に迷っていたアンリエットを、ルイ十四世の母后アンヌ・ドートリッシュが引き取った。そしてしばらくヴィジタシオンの修道女に預けた後、二男のフィリップと結婚させた。ところが、ムシューと呼ばれていたこの王弟フィリップは、むしろマダム、つまり同性愛者だった。彼はアンリエットに苦い思いをさせながら、恐ろしいほどの美形で嫉妬深い騎士ロレーヌとの関係を続けた。ロレーヌは、一六七〇年に嫉妬のあまりアンリエット毒殺を謀ったといわれている。

結婚後ほどなくアンリエットはルイ十四世に目を付ける。夫君よりはるかに魅力的で、強く、なによりも女性を愛する権力者である。まるでラ・フォンテーヌの有名な寓話『狼と羊』を思い起こさせるではないか。「お前でなければ、お前の兄だ」と狼が羊に言う話だ。もっともこの場合、狼は王のほうだが。いずれにせよ、英国の羊、アンリエットは噛み砕かれようとしていた。このときルイは二十三歳、いよいよ自由を得て、ヴェルサイユの最初の建設を始めた頃のことである。

ふたりは共に頭がよく、ダンスと乗馬を好んだ。宮廷に噂が立ちのに時間はかからなかった。アンヌ・ドートリッシュには少々刺激が強すぎる話だった。母后は体調不良を押して、再び息子の恋路を引き裂きにかかった。理を説いて説得を試みるが、成果は上がらない。ルイは神妙に聞くふりをするが、舌の根も乾かぬうちに飛びだしては、美しい義妹に会いに行った。義妹は機会あるごとに王の気を惹こうとした。待っていても機会がなければ、機会を作った。

一六六一年の夏はことのほか暑さが厳しく、アンリエットは森に行き、裸で水浴した。義兄が偶然通りかかるのを期待して。またあるときは、新しい宮殿の進捗具合を是非見たいと、王の乗る四輪馬車が出発しようというときに飛び乗って息を切らせる。デコルテの胸が波打つのが嫌でも王の目に入った。そして馬車が揺れるたびに、アンリエットは狭い車内で義兄の目の前に大きく開いた胸元を見せた。

さすがのアンヌ・ドートリッシュも困り果てた。王家には不倫やら秘密の結婚やら禁じられた恋はつきものだが、近親相姦とは！　アンリエットは王弟の妻というだけでなく、ルイ十四世と同じくアンリ四世の曾孫にあたるのである。いわば二重の近親相姦で、まさしくスキャンダルだ。アンヌは、新任の総監オランプ・ド・ソワソンと図り、王が近親のアンリエットへの執心を隠す策を練った。そして、使い古された「おとり」「ついたて」作戦が立てられた。王が愛しているのは別の女性だと宮廷に思わせようというのである。

オランプは、侍女たちのなかから一番おとなしく内気な女性を選んだ。ルイーズ・ド・ラ・

ヴァリエールである。彼女であれば申し分のないついたてとなってアンリエットを隠し、しかもアンリエットの邪魔はしない。ルイーズは、確かに当時の逞しい人々のなかにあって線が細すぎたかもしれない。田舎から出て来たばかりで、訛りこそないが、パリの風にも染まっていない。セヴィニエ夫人が「草の下に隠れている菫《すみれ》」と名付けたほど内気で、間違ってもこの陰謀を暴露する心配はなかった。完璧だ。しかも馬から落ちたときの影響で、少し足を引きずるようにしていた。

こうしてまず、ルイーズは竜巻女アンリエットの侍女として宮中に入った。これは大変な名誉で、しかも金になるとうぶな娘は思い込まされた。ルイーズの家は貧しく、パリに行かせる支度のため一家は借金をしていたのだ。これからの役割についての詳しい説明は不要だった。二十三歳の生気あふれる王に恋しない娘がいるだろうか?

罠はうまくかかった。かかりすぎたくらいだった。ルイ十四世は、この二重の裏切りの甘さにかなり心を動かしたようだった。王は、まさか彼女が髪に付けていた小さなリボンやのちに彼女の名にちなんでラ・ヴァリエールと呼ばれるようになった首にひらひらと巻いている蝶のようなネクタイに心を奪われたのではないのだとしたら、少しずつこの無垢な娘のわれを忘れた愛に、長いブロンドの髪に、無邪気な瞳に惹かれていった。

やがて、王とルイーズは愛し合っていると周りは信じるようになった。王は娘にやさしくほほ笑みかけ、人前でダンスに誘った。同じ頃、屋敷の反対側で王妃マリー＝テレーズは、産褥のベッドにおり、アンリエットはいきり立っていた。策略は思いのほか効果をあげた。恋人の振りをするうち、王は偽の愛人にどんどんやさしい気持ちを持つようになり、夜アンリエットを訪れることがしだいに少なくなっていった。

この恋愛芝居を本物にさせるために、王はルイ十四世の生活記録『ダンジョーの日記』を残した。ダンジョー侯爵に甘いメッセージを書かせた。そうやって次第に、愛しい人への手紙を文才のあるダンジョーに頼むようになる。王が自ら書かなかったのは、そうしたくなかったからではなく、そのほうが愛しい人の心をとらえる詩が書けると思ったからだ。そして、皮肉と言おうか、王にもまして文章を書くのが苦手だったルイーズもまた、ダンジョーに返事の代筆を頼んだ。結局、ダンジョーはそれぞれから頼まれた代筆を引き受けることになったのであった。

アンリエットとの愛には禁じられた果実の甘美さがあったが、ルイーズとの愛は洗練の極みとも言えるような背徳の世界であった。ルイーズとの関係は、妻、愛人、母、弟を同時に裏切ることである。王は快哉を叫んだ。もしこの世で彼が愛せない女性がいるとしたら、彼女だけなのではないだろうか？　なぜなら彼女は擬餌なのだから。しかも皿に載せて運ばれてきた。そのうえ、カトーと同じように少し足を引きずっている。内気で、貧しく、彼を深く崇拝している。こんな女を愛せるか？　若くて尊大で礼儀正しいとはいえないが、権力の頂点にいるにもっとも幸せな、少なくとももっとも恋している男はこんなことを考えていた。ルイ十四世は、マリー・マンシーニのときと同じように愛読している物語に出てくる勇敢で寛大な君主になった気がしていた。

しかし相変わらず問題があった。策略に策略を巡らせた関係をどうやって隠しおおせるのか。王は周りをすべて騙したのだ、教会も例外ではない。気がつけば宮廷のどこにも気ままに振る舞える場所は無くなっていた。間もなく広い宮殿の庭園にも森にも場所がなくなるだろう。そのうえルイーズは、アンリエット付き侍女としての仕事をせねばならないのにアンリエットの意地悪は止まらない、どうにかしなければならなかった。そのとき王は父が残していったパリの郊外の城を思い出した。あそこを整備して広くすれば、格好の隠れ家になるに違いない。

マザランが死に、アンヌ・ドートリッシュも年老いて往時の力を失うと、いよいよルイ十四世は、すべての権力を手中にした。「太陽王」と呼ばれるようになるのはこの頃からである。アンリエットのほうはといえば、とにかくいらだっていた。王があろうことか、ルイーズに本気になったのに加えて、まことに不本意なことに、アンリエットは夫フィリップの子を宿したのだ。もちろん、口さがない宮廷雀は、ムシューの子でないにしろ王家の子であることは間違いないと噂した。ルイにとっても好都合だった。美しい義妹は妊娠していて、少なくとも当分は夜の相手はできないのだから。王妃のマリー＝テレーズもまた子を宿していた。ルイ十四世は、これで誰にも気兼ねなくルイーズと大手を振って付き合える。

王はどこへ行くにもルイーズを伴った。ダンスにも馬車での遠出にも傍らにはいつもルイーズの姿があった。王妃出産のときもルイーズがいた。のちにルイ十四世は、ヴェルサイユで宮廷のありとあらゆる貴婦人を招いて晩餐会を催している。公の寵妃も一夜の相手も同じテーブルに着いた。望んだのにそうならなかった者、望まなかったのにそうなってしまった者、そしてそうなりたいと願っている大勢の女性たちもいた。料理はさぞや酸っぱく、話題は苦かったことであろう。
ルイーズは、慎み深く、贅沢より信頼のおける人々と親密に暮らすことを好んだ。スキャンダルや中傷合戦を嫌い、意地の悪い、だが本当のことが書かれている手紙が流布することを恐れた。また、敬虔な信徒で、王の説教師ボシュエが王に向けて行った説教は絶大な効果があった。

神に忠実になりなさい。神に対し汝の罪で一点の汚れも作ってはなりません。偽りのやさしさに毅然として立ち向かいなさい。そして、汝らの、悪徳と呼ばれる情欲に身をゆだねることを慎みなさい……そこにこそ神の怒りの裁きが下されるのです。すべての偶像を壊し、被造物を崇拝するために造られたすべての祭壇をひっくり返されるのです。

ルイーズはこれを聞いて震えあがった。十字を切り、そして王に抱かれることを拒絶した。王より神を優先し、神の怒りを恐れ、王とのセックスを拒んだのだ。困り果てた王は、仕方なくアンヌ・リュシーと遊び、愛人にした。アンヌ・リュシーはナヴァイユ夫人が監視する侍女部屋にいたので、王はしばしばそこに会いに行く。アンヌ・リュシーはリュシフィエ（反逆天使の長）と呼ばれ、禁止されたことでも喜んでやるような女性で、淫乱な遊びが大好きだった。
当時、若い侍女たちは監督しやすいように一か所に集められ、そこで寝泊りしていた。一番年上でも二十五歳にもならないような若い女性たちが屋根裏に集まっているところを想像してほしい。彼女たちの住まいは王の寝室の上にあり、そこには王との楽しい時間を喜んで共有したいと願うアンヌ・リュシーもいたし、王が再びものにしたいと執着するルイーズもいた。そして王の手が付くことを待っている多くの若い女性たちがひしめいていたのだ。

しかしそこにはいつもナヴァイユ夫人が立ちはだかり、天国への門を塞いでいた。数年前、十代のルイを鉄柵と格子で閉めだした、あの厳格な監督係のナヴァイユ夫人だった。彼女は母后のお気に入りだった。ナヴァイユ夫人は職人を呼んでまたもや窓に格子を付けさせようとした。しかし今回はそうはいかなかった。すでに力をつけた王は、夜のうちに格子を取り外させたのである。翌朝、格子が庭に捨てられているのが見つかった。晩餐の席で王は、いたずら好きな精霊が格子を外したに違いないと言い、列席者の笑いを誘った。ナヴァイユ夫人もその場にいて一緒に笑って見せたが、ほどなく彼女は夫とともに左遷された。

お互いの存在を知られないようにしながら、奔放な愛人と慎み深いルイーズの両方の欲望を満たし、ルイーズを尊重し続けるにはどうしたらよいのだろう？　王はルイーズを狩りに誘うことを思いついた。ルイーズは馬術も巧みだったのだ。宮殿はまだ建設中だったが、王はヴェルサイユの狩りにルイーズをしばしば連れていった。馬に横座りして王に同行するルイーズは、まさに狩りの女神ディアナだった。当時の風習に従って、彼女もスカートの下には何もはいていなかった。

王とルイーズのふたりの騎手は猟犬の群れをまき、人々から離れ、ふたりだけになった。ヴェルサイユの森のなかを息を切らせて走る。野生のブナの木やカシが高く茂り、小動物がうごめく。昼間だというのに、あたりは薄暗かった。ときおり、一面に花咲く気持ちよさそうな草地があった。馬をおりて腰を下ろすと、草が服のなかに入り込んでくる。ここには鉄柵も格子もない。うるさい母も修道女も説教もない。あるのはのびのびと吸い込める空気ばかり。ふたりは何もかも忘れて愛し合った。遠くで獲物を追い込む雄叫びや、職人が池を掘る音、石を切る音などがかすかに聞こえた。帰りにルイーズの髪が少し乱れているのも、頬に赤みを射しているのも、心臓が早鐘を打っているのも、乗馬のせいにできた。

妻と愛人と遊び相手——ルイ十四世はいつの間にか彼らの面倒をみる大家族の長になっていた。王は最初のうちは庶子を隠しておこうと思っていたが、一六六三年のある日、ミサに疲れ切った青白い顔で現れたルイーズを見て考えが変わった。ルイーズは三週間前出産したばかりだったのだ。王は、細心の策謀家である前によき父親だった。これ以上隠してはいけない。彼は公表することを決心する。ミサの帰り、王は右側には王妃マリー＝テレーズを、そして左側にはルイーズを従えていた。こうしてルイーズ・ド・ラ・ヴァリエールは、ルイ十四世の最初の「公認」の寵妃となったのであった。

彼女は、当時としては非常にめずらしいことに独身だった。修道院に入らない大人の女性が独身でいるのは、特筆すべきことと言っていい。ルイーズ・ド・ラ・ヴァリエールは、元気のない憂鬱な女性、メランコリックで少し病的な美人として描かれることが多い。しかし私の意見は少々違う。非常に大胆な女性だったと思うのである。この時代に「罪多い生き方」を選ぶのは相当な勇気が必要だったのではないか？　ルイーズは、王とはいえ、他に妻や愛人を何人にも持つ多情な男に仕え、シングルマザーを通した女性、ボシュエや他の聖職者たちが嬉々として描く地獄の業火を覚悟しながら、王への愛を貫いた女性だったのではないだろうか。

ルイ十四世は、子供たちに対しては寛大な父親だった。彼はルイーズの子供たちを認知することをためらわなかったし、新しい宮殿に呼び寄せて一緒に住むようにもした。かつての森への散歩を懐かしみ、ルイーズのためにテティの洞窟を造り、そこがまた彼らの秘密の愛の場となった。一六六三年にはオランジュリーが、一六六五年には「タピーヴェール（緑のじゅうたん）」が、そして同じ年には鏡の製造所が造られた。ルイ十四世が、秘密を守るついたてより鏡を好み始めたのはこの頃だ。こうしてルイ十三世の狩り小屋は、その息子によって豪勢な愛の巣へと姿を変えていったのである。

第5章　憂い顔のラ・ヴァリエール夫人

一六六八年四月のある晴れた日、ルイーズ・ド・ラ・ヴァリエールはできあがったばかりのグランド・テラスから庭園を見つめていた。朝の光とともに花が開き、まだ若い木々が風に揺れているのを眺める。庭は工事中で、まだ整備されていない迷路のような小径と見事に規則だった水の花壇とが好対照をなしている。その頃、鏡の間はできていなかったが、大きな窓に鏡がはめ込まれており、そこに痩せた黄色い顔が映っていた。眼窩の落ちくぼんだ疲れた顔だ。

そのときルイーズはまだ二十三歳にもなっておらず、宮廷中でもっとも羨望を集めていたのだが、明らかに衰弱していた。いったい何がこの若い女性の心をこのように苦しめているのだろう？　罪へのおののきか？　ボシュエのいう、音を立てて待ち構える地獄の業火か？　生まれるや、抱くこともかなわないまま連れ去られた子供たちの思い出だろうか？　あるいは、美貌のかげりに合わせるかのようにこのところ急激に離れていく王の愛を思ってのことか？

幾度にもわたった妊娠と出産が、ルイーズの体を大きく苦しめたことは間違いない。妊娠のたびに医師に数か月にわたってセックスを禁じられたため、王と離れなければならないのはつらかった。そして、出産は彼女にとっては責苦であり、生まれてすぐ別れる罪の子にとっては孩所《がいしょ》［洗礼を受けずに死亡した子供が行く場所］であった。

当時の妊娠も出産も過酷なものだったと言わねばならない。血だらけになりながらコルセットを締め付けられ、ありがたい忠告に息がつまりそうになる。ルイーズは最初のときには妊娠を隠そうと、八か月まで跳びはね、踊り、馬に乗った。ちょっとしたことで流産しやしないかと心配しながらも、外から見てわからないように金具で体をしっかり固定させた。コルセットのワイヤーや紐が足りなくなると、女主人に暇乞いをし、隣のパレ・ロワイヤルに身を隠した。王は、ルイーズのために内装を整えさせたので、居室は小ざっぱりとしていた。

最初の痛みは一六六三年秋に来た。王も、母も、友人もいず、そばにいたのは翌年財務総監となるコルベールだけだった。彼が産婆と医者の手配を任されていたのは、有能で秘密を守れると思われたからだった。『いやいやながら医者にされ』のモリエールの時代のことである。名医アブロワーズ・パレ（一五一〇〜一五九〇年）の功績で外科はいくらか進歩し、動脈の結《けっ》索《さく》が出血の危険を大幅に狭めたとはいえ、出産時に妊婦が死亡することはまだめずらしくなかった。おそらく知識も豊富でなかったであろう、華奢な体質の若いルイーズが、出産におびえていたことは想像に難くない。自分自身、あるいは生まれてくる子供が命を落とすかもしれないと恐れていたに違いない。もしかしたら、ルーヴルでイギリスの画家が描いた、出産を終えた妻の顔に白い布をかぶせる夫と、死んだ妻が産み落とした子供に乳を飲ませる新しい妻の絵を見たことがあったかもしれない。あるいは、もっと恐ろしい、休んでいる母親から死が嬰児を連れ去るオランダの彫刻を思い出していたかもしれない。

出産のときルイーズは十九歳で、そばには母親も友人も愛する人もいなかった。王は彼女に当時で最高の環境を整えたものの、そばにいることはできなかった。医療の点では、当時のもっとも高貴な人でも望めなかったような、誰からもうらやましがられる環境のなかでの出産だったが、しかし愛情と言う点では、ルイーズはひとりぼっちだった。

十二月十九日、無事子供が生まれたのを見届けると、外科医のブッシェーはルイ十四世に手紙を出した。「お子様は男の子です。とてもお元気で、母子ともに健康です。神に感謝を！ご指示をお待ちしております」

折り返し指示が来た。男の子は母親から取りあげられ、洗礼を受けた。その子はシャルル・ランクールと名付けられるとサン・ルーに連れていかれ、ボーシャンに預けられた。もはや子供はルイーズのものではなくなったのであった。その数日後、王にミサに出席するよう命じられたルイーズは、人々が愕然とするほど変わり果てた様子をしていたのは無理もなかったのだ。

ルイーズはいつも、少し憂い顔だった。しかしそれはむしろ彼女の魅力であり、まわりの人に彼女の笑顔を見たいと思わせた。王はそのために大変な出費をした。宝石を与え、祝典を開き、なんとか喜ばせようとしたのだ。だが今や、ただの不機嫌な顔になってしまった。目の下にはくまがでて、虫歯もでき、醜くなった。彼女は人前に出るのを嫌うようになった。一六六三年以来、ルイーズは、ヴェルサイユでも、パレ・ロワイヤルのそばのパレ・ブリオンでも、宮廷の人々から遠ざかり、ひとりで過ごすことが多くなった。にぎやかな場所に出ることを避け、ミサ以外の公式行事もほとんど欠席した。

王にはそれがことのほか不満だった。二十九歳になったルイ十四世はますます自信を深め、あちこちにアポロン像を作らせ、奥行き七十三メートルの広間の壁を自分の姿を映し出す鏡で覆うことを思いつく。人目を避けるなど、彼のもっとも不得意とするところだ。ルイーズとの関係は特に自慢だ、王は愛する寵妃を堂々と人前に連れて出たがった。恋に目がくらんでいたのだろう、彼にはルイーズの容貌の衰えが目に入らなかった。

宮廷雀たちは、嫉妬からかあるいは単なる意地悪からか、ルイーズの美貌が失われていくのを見て、地位が失墜するのも時間の問題だ、と面白がって話題にした。ルイ十四世の最初の公式の寵姫はいつも話題の中心だったが、めったに姿を見せないため、陰口はますます激しさを増していった。宮廷は、その頃はまだヴェルサイユに移っていなかったが、いつものように陰謀家たちの大群が蟻のように群がって、獲物を探していた。オランプ・ド・ソアソン、ギーシュ家の人々、モンタレー家、ウダンクール家、モンダジエ家など、いくつもの名前が記録されているが、今となってはほとんど人々の記憶から失われている。

彼ら、特に彼女らは、ルイーズの評判を落とそうと、目を皿のようにしてあら探しをし、爪を研いで、隙あらばこのしおれかかった花に毒を注ごうと待ち構えていた。ルイーズは確かに彼女の一族の色である灰色をよく身に付けてはいたが、それにしても、顔色が悪かったのかもしれない。オルメソンなる人物がルイーズの容貌を、「やせぎすで頬はこけ、唇も歯も薄汚れ、鼻の先が大きく、馬面だ」と酷評している。

ルイーズが社交界のざわめきやあざけりから距離をおき、王の前に身を投げ出す女性や、かつてのルイーズのように王に差し出される女性たちを見ないようにしたのも無理はない。こうして、二十三歳にして彼女は老いた愛人になった。

ルイーズはひとりでいることを好み、よくヴェルサイユに滞在した。王も建築中の宮殿の進捗具合を見ると言って、まだ彼女に会いに来ていた。しかしテラスで憩うふたりは、宮殿が完成する頃には彼女自身が崩れ去ってしまうと予感していたのではないだろうか。王は彼女に、造園家のル・ノートルがツゲやイチイのボスケ（茂み）で像を作っているところや、画家のル・ブランの大河をイメージした水の流れや川が優雅に蛇行するところのニンフ像を見せて回った。ルイ十四世もルイーズも口数の多いほうではなかったので、その頃は互いに話すこともなかったに違いない。ルイは、造園中の庭園を巡ることで会話がはずのではないかと期待したのだ。王は庭師たちの労作を見せ、彫刻家たちの傑作を紹介した。ルイーズは黙って従ったが、ひそかにため息をついていた。虫がうるさく襲ってくるし、花の香りはむせ返るようで気分が悪い。彼女はしだいに退屈してきた。

王は、かつて一緒に馬を走らせた、快活で機転のきく美しい狩りの女神ディアナを懐かしく思い出していた。あの頃、彼が思いきり馬を走らせると、ルイーズが息を切らせて追いかけてきて、笑い声がはじけたものだった。今の彼は、老いた女を引きずってゆっくりと歩いている。王はまた、ヴェルサイユでの「プレジール・ド・リル・アンシャンテ（初めて開いた祝宴）」を思い出していた。あれはルイーズのために開いた祝宴だった。表向きはふたりの王妃に捧げたものだったが、ヒロインは彼女だった。祝宴が開かれた一週間、ルイーズはあらゆる人々の注目の的だった。この宴を経て、彼女は宮廷の一員になったのだ。ル・ノートルが整備した荘厳な庭園では騎馬パレードや祝宴や馬術競技が次々と行われた。装飾はイタリアから特別に呼び寄せられた技師の手でバロック調にされていた。王は、朗らかに笑う魅力的なルイーズを見つめていた。イタリアから来た建築家のベルニーニと熱心にルーヴル宮殿の改築について意見を交わすルイーズ、フーケが猛烈に言い寄るのを拒絶する貞節なルイーズ、あのときのルイーズは、優雅な微笑を惜しみなく振りまき、庭園で清らかな水を噴き上げるできたばかりの噴水のようにみずみずしく、豊かだった。そうしためくるめくような雰囲気のなか、六百人の招待客がそれぞれの馬車ですし詰めになりながら寝ようとしていた頃、人々のさざめきが遅くまで聞こえるなかで、王はひそかにルイーズと埃だらけの城館で逢った。ルイーズは王のミューズだった。ニンフだった。そして王はアポロン。アポロンの王は女神テティスのようなルイーズの傍らで休んだ。この思い出を永遠に留めようと、王は庭園の真ん中に洞窟を造らせたのである。

しかしその神話の場面を描いた像のなかですら、すでに戦車から降りたアポロンは大勢のニンフに取り囲まれている。ルイーズは、もはや王の心をひとり占めできなくなっていた。王はルイーズの今の姿を見た。ルイーズの腕は石の像と同じような姿勢をとっているが、像を裏切るかのようにやせ細っていた。数年後、別のニンフが王の心からルイーズを追い払ったとき、この洞窟は取り壊されるのであろう。

ルイーズはふたりの息子のことを考えていた。生まれてすぐ、愛する間も与えられず引き裂かれた子供たち。彼らに偶然出会うことがあれば、決して見誤ることはないだろう。しかし、すでにふたりともこの世にいないことをルイーズは知っていた。彼女は自分の死について考えた。このごろ体調がすぐれないから、その日がくるのもそう遠くない将来だろう。そして老い。孤独な老い――そばに子供も、この世で愛したただひとりの人もいない、たったひとりで迎える老いと死。捨てられた妻には少なくとも妻という地位と美徳が残る。ルイーズの地位は、王の寵姫というものだけだ。そして、美徳は美貌と共に失われた。ほどなく王に捨てられる寵姫は、捨てられたという苦痛だけを友として、孤独になるのだ。

ルイーズは、真冬に奇妙な衝動を覚え、妊娠四か月の身重で王を追ってたったひとりパリを後にしたときのことを思いだしていた。王はアテナイス・ド・ロシュシュアール・ド・モンテスパンを伴い戦地に赴いていた。ルイーズが王の宿営地のギーズに着くと、そこはさながら宮廷が移動してきたようだった。王妃と侍女のモンテスパン侯爵夫人が一緒にサイコロ遊びをしながら、王の凱旋の準備を整えていた。愛と同じように嫉妬も人を狂わせる。ルイーズへの恨み骨髄の王妃は、おろかにもすぐ横のまばゆいばかりに輝く女が放つ危険に気付かず、すでに力を失ったあわれなルイーズに冷たい仕打ちをした。ルイーズは食事も与えられず、宿営地から放りだされたのだ。そんな彼女に掛けられた声はモンテスパン夫人のものだけだったが、その言葉は「あなたは王を困らせるつもり?」といういやみなものだった。

何よりもルイーズを打ちのめしたのは、それが友人のモンテスパン夫人から発せられたことだった。モンテスパン侯爵夫人を一六六六年に宮廷に紹介したのはルイーズだったのだ。モンテスパンには描いている計画があった。まず王妃の信用を得ること、そしてそこから王を誘惑するという作戦だった。凱旋した王は、婦人たちの出迎えを喜び、それぞれをなだめたが、その後日増しにモンテスパン夫人を伴うことが増えていったのは、誰の目にも明らかだった。

ふたりはル・ヴォー作の煉瓦と石造りのオレンジのほうへ降りていった。背の低い木が枝を伸ばしたはじめたところで、春の日差しをいっぱいに浴びていた。光を受けて揺れる葉陰で王はルイーズに儀礼的な接吻をした。口のなかに虫歯の匂いが広がった。彼女がいなかったなら、母后に抵抗することもなかったであろう。フーケを罰することも、ヴェルサイユを新しく造りなおすことすら考えなかったかもしれない。王は、おそらく違う人間になっていただろう。ルイーズの存在は大きかった。しかし、もう愛してはいなかった。すでに過去となった愛人からどうやって離れたらいいのだろう？　王は母后の忠告を思い出していた。ルイーズは、王の新しい愛人、モンテスパン夫人との関係を隠す風よけにできる。今新たに昇る太陽にルイーズは最後の貢献をする。新しい愛人のついたてとなるのだ。

第6章　パリからヴェルサイユへ

「さあ、お乗りください！」まだ宮廷はヴェルサイユに移っていなかったが、たびたび催される祝宴で、パリとヴェルサイユの往来はしだいに激しくなっていた。ヴェルサイユまでの道のりは狼や盗賊と会うほうが郵便馬車と出会うより多い、という未開の道ではもはやなくなっていたが、まだまだ立派な道路とは言えなかった。そこでルイ十四世は、カトリーヌ・ド・メディシス以来となる道路整備を行った。木が倒れたまま数週間にわたって通行をさまたげたり、騎馬の行く手を阻む石ころが散乱した状態は改善された。宮殿が近づくほど整備され、舗装された最後の数キロなどは、旅人に旅路を短く感じさせるほどだった。ともあれ、パリ—ヴェルサイユ間を六時間弱で行けるほどに近代的な道になったのである。

しかし、できれば快適な馬車に乗るにこしたことはない。だが、安い料金で乗せてはくれるが、あざのできるぐらい大変な乗り心地の緑の馬車は避けたいものだ。この馬車はおまけに、王のシンボルカラーのブルーのベルリン馬車がきたら道を譲らなければならなかった。貧しい者は車内の席には座らせてもらえず、御者の横か後ろに乗ったものだった。彼らは「猿」とか

「ウサギ」と呼ばれ、おそらく馬以下の待遇を受けていた。どのような条件であろうと旅は旅だが、決して万人に公平ではなかったのである。

私は特に馬車好きというわけではないが、四輪馬車には特別な思いがある。それはどうやら私に限ったことではないようで、ヴェルサイユには「プティ・テキュリ（小さな馬小屋）」のそばに馬車の博物館がある。ここに来ると、昔この博物館に来た頃の懐かしい出来事を思い出す。当時ここには強いコルシカ訛りで話す守衛がいた。相手がどんなお偉方であろうとナポレオンの肖像画の前に連れていって、まるで愛しい女性を紹介するように皇帝の馬車の説明をするのだった。「コルナリンヌ」「アメティスト」「トパーズ」「ヴィクトワール」「オパール」「ブリヤント」……。彼がコルシカ訛りでこれらの名前を発すると、パニョルの劇を見ているようなおごそかな気分にさせられた。

ルイ十四世の時代の馬車も負けていない。なかには金で覆われた車体もあった。といっても、それに乗るのはあまり乗り心地がいいとは言えない。車体と車輪を繋ぐ部品がたわみ、でこぼこ道を通るとどうしようもなく揺れるのだ。唯一いいところは、大きく揺れたときに隣のかわいい人の手を握ることができることくらいだ。相手が嫌がらなければ、だが。車中はと言えば、隔離されていて一対一になれる絶好の場所だ。カーテンを閉めれば、移動する個室、いや寝室と言って差し支えない、ソファーは上等なベッドなみにふかふかで、口説く時間もたっぷりある。もっともそれは金持ちに許された特権だ。そうでない場合は、休憩所を待てばいい。そこで降りて、ボスケ（茂み）の陰でゆっくり手足を伸ばすのに遠慮はいらない。もちろん、それまでに乗り合わせた美人にそれとなく甘い言葉をかけ、目配せしておくのを忘れてはいけない。いずれにせよ長い道中だ、おしゃべりに磨きをかけたほうがいいに決まっている。

一六六六年十月のある日、ヴェルサイユへ向かうベルリン馬車があった。青でも緑でもなく、荷台も積んでいず、カーテンは閉まっていた。とはいえ豪華で、少しばかり派手なところのある馬車だった。一見つつましやかだが、人目を引くといおうか。幌付きのクラシックオープンカーに匹敵する高価な乗り物といっていい。カレッシュ（小型四輪馬車）はこの当時――姫君を乗せるためにカボチャを美しい馬車に変えて見せたペローの時代――社会的な成功のシンボルだった。中でひとり物思いにふけっていたのは、二十六歳になったアテナイス・ド・モンテスパンだ。二回の出産を経験し、夫が賭け事好きであり、すでに夢見る乙女ではなくなっていたが――もっとも彼女の場合、もともとその傾向は薄かった――乳白色の陶器のような肌、整った卵型の顔、肉付きのいい腕、美しい頸《くび》で今やパリ中の称賛を集めていた。しかもその胸、尻、腰はたっぷりしていて官能的だった。

アテナイス・ド・モンテスパンは、特別なものは持っていないが、あるべきものをすべて持っている女性だった。描くより触れたいと思う肉感的で完璧な美女であったが、この女性を他の誰とも違う抜きんでた存在にしたのは、その精神である。純真そうな澄んだ瞳を見開きながら、たとえようもなく辛辣な言葉をその唇から発した。モンテスパン侯爵夫人とは、マリリン・モンローの体をもちながら、シモーヌ・ド・ボーヴォワールの頭脳をもった稀有な女性と言えよう。彼女自身が十分自覚していたが、歴史上にもめったにない、女神の体と知性をあわせ持った女性。私は賛美を惜しまない。一度お目にかかったが最後、ひそかにまた会いたくなる女性なのだ。

　モンテスパン夫人は退屈していた。彼女のような女性にとって、その才気を発揮する相手のいない六時間は長すぎた。そろそろ化粧直しをしなければ。虚飾は地獄の業火を覚悟することだったが、信仰心の薄いモンテスパン夫人は化粧に精力を注ぎ、美しさに磨きをかけた。生まれながらの美しい肌は厚い白粉の下に隠れ、唇と頬はスペイン産の紅で彩られていた。どれも恐ろしい毒性をもったものだ。当時の美顔料は悪魔との密約で手に入れるか、少なくとも医者行きを約束するものだったが、ルイ十四世にお忍びで来るように言われたモンテスパン夫人は、盗まれたカレッシュのように誰だか見分けがつかないくらい厚く塗りたくっていた。

　私は自然主義者の回し者ではないが、なぜ女性が化粧をしたがるのか、特に十分魅力的な女性がわざわざ厚い壁を塗りたくるのか理解できない。特にこれからキスしようというときに口紅を塗るのはやめてほしいと切に願っている。うっかりキスしようものなら、こちらが化粧をしたようになってしまい、まことに具合悪い。もっとも、当時は男性も化粧をしていたので、現在のわれわれより被害は少ないだろうが。当時の美観を表すものとして、エコルシェ［筋肉組織を露出させた標本］や、まだ半分生きている鳥の腹を切って内臓をあふれさせた静物画がある。ボアローもその詩のなかで、夫に、夜になってもすぐベッドに行くな、妻の本当の姿は分厚い化粧の下にあると言っている。「女房がナイトキャップをかぶり、四枚のハンカチを汚して化粧を落としたら、本当の顔色、頬、唇の色がわかるさ、あわてるんじゃない、それまで待つがいい」と。

　モンテスパン夫人は迷っていた。カーテンを開けると、まだ薄汚い沼地が広がっている。ヴェルサイユはまだまだだ。こんなに時間がかかると鼻の上に付けた黒子が取れてしまうのではないかと心配になってくる。

　夫人は深く息をついた。これは大きな賭けだった。王は、ひとりで来るように言ったのだ。彼女は自分のデコルテを満足げにじっと見つめた。この丸みはきっと気に入られるだろう。ルイーズ・ド・ラ・ヴァリエールの後釜としては悪くない。あの目の上のたんこぶは早く払いのけたかったが、ルイーズは友人だ。こちらが手を下す前になんとか自分からいなくなってほしいものだ。あんなに痩せていては、宮廷からも王の寝室からも消えるのは時間の問題だが。

　当時は太っていることは健康の印、痩せているのは貧乏人の印だったのだ。この点でもモンテスパンはライバルたちを寄せ付けなかった。幸い彼女は食いしん坊だった。これがのちには行きすぎ、クジラのような巨体になってしまうのだが、今のところは、若々しくふっくらとしたところがやさしそうに見えた。敵を叩きのめすために、モンテスパンは最近流行りだした美味しい菓子類、ドラジェや砂糖菓子キャンディーをせっせとかじっていた。甘いものを好きになる、それすら彼女にとっては計画のひとつだった。

　単調な車の動きに身を任せていると、考えはまた、これからの計画に向かう。どうやって王を誘惑するか。アテナイスは、王のハートに訴えるのはやめにした。それはルイーズのやり方だ。体で迫るのもなしだ。そんなのは、その他大勢にまかせておけばいい。私は頭を使うのだ、と彼女はつぶやく。これは親譲りの「モルテマール家の気質」だ。マダム付き侍女のアテナイスは、毎日ルイ十四世と会う。そこで彼女は王を刺激したり、いらだたせたり、反対にプライドをくすぐったりする。そしてときたま、あわてさせる。彼女の当意即妙の受け答えに比べると王の反応は凡庸なことがあるからだ。しかし王も彼女以外の相手とはまずまずうまく対応しているのだ。ルイ十四世はそれまで比較的無口なほうだったので、こんなことはおそらく王にとっては初めてなのではないか。「モルテマール家の気質」はさらに別の魅力的なコミュニケーション力を持っていた。私見だが、王はかつて手紙を代筆させたように、アテナイスとのやり取りも誰かに準備させたのではないかと思う。

ともあれ、恋のダーツゲームはしばらく続いていた。これは才女のアテナイスにとっても少々長すぎ、彼女をいらだたせていた。プライドと野心が彼女を前より攻撃的にしていたのだ。アテナイスはその頃、宮廷ではそれほど重要な位置を占めていなかった。勝ち気な彼女はそこで中心になるという目標をたてた。ルイーズからはすでに地位を奪ったが、それはあまりに簡単すぎた。次の行動を起こさねばならない。いや、この場合は相手に行動を起こさせなければ。アテナイスは王が動くのを待った。

モンテスパン侯爵はほどなくパリに戻るはずだ。もしすべてが思い通りにいったら、夫に一緒に領地へ連れていってくれるよう頼むつもりだった。そして王が言い寄ってきたら夫に守ってもらうのだ。もしこの計画が成功したら、表向きは——それが肝心なところだが——すべてうまくいく。彼女の貞操も侯爵の名誉も守られ、王はさらに興奮するはずだ。侯爵は、ガスコーニュ出身の、にんにくの匂いをさせた、Rを巻き舌で発音する気のよい男だが、なんとかわかってくれるだろう。さあ、ヴェルサイユに着いた。準備は整った。

モンテスパン夫人は馬車から降りた。彼女の前には見渡すかぎり広場が続いている。そして広大な宮殿が目の前に広がっていた。王は、それぞれの仕事に励んでいるたくさんの庭師や土工たちに会釈しながらこちらに向かってきた。当時ヴェルサイユはまだあちこちが工事中だったのだ。

目もくらむような豪華な建物のわきには、まだ泥まみれの道が縦横に通っている。女性たちは汚れないようにスカートの裾をあげなければならなかった。王は、侯爵夫人に不快な思いをさせまいと、椅子を持ってくるよう命じたが、その前に夫人の踝に視線を送ることを忘れなかった。まさしく侯爵夫人の望むところだった。この時代、男性を夢中にさせるのにはふくらはぎをちらっと見せるだけで足りた。女性たちは胸であれば惜しげもなく乳首近くまで見せたが、脚は夫か愛人にしか見せなかった。モンテスパン夫人の脚はもちろんすばらしかった。細く、美しい輪郭をみせ、しなやかで、「雌鹿の腹色」の靴下に覆われていた。大胆な振る舞いの夫人も、心は感動で震えていた。なんと豪華で贅をこらしていることか。宮殿からは豊かさが、建物の正面からは金銀があふれていた。

アテナイス・ド・モンテスパンを心から喜ばせるものがあるとしたら、それは贅沢だった。彼女は名誉ある称号も、貴族としての地位も、美しさもあふれるほど持っていたが、いまだかつて一度も富には恵まれたことはなかった。彼女の家は貧しくはなかったものの、もともとそうだったのか、あるいは結婚相手が悪かったのか、富が指の間からこぼれ落ち続けた。夫人の父、ガブリエル・ド・ロシュシュアールはルイ十四世に付き添う五十騎士に数えられる貴族だった。彼はこの役職のため出費に出費を重ね、アテナイスが生まれたときにはモルトマールの紋章は一目おかれてはいたものの、実際にはどこからも姿を消していた。結婚後も状況は変わらなかった。モンテスパン侯爵は爵位はあったが富には縁がなかった。

夫人は、彼女のためにドアを開けてくれた若い王にもちろん惹かれたが、その背後に尽きることのない金塊の山を見たのだった。モンテスパン侯爵夫人を評して、ときには情の人、しばしば権力の人、場合によっては手品師とか情熱の人などと言われるが、私は彼女は金の人だと思う。それが唯一手にできなかったものだからだ。彼女の父も、彼女に負けないぐらい現実家だった。娘と王の関係を知ったとき、「ああ、これでついにわが家にも財産が転がり込んできた」と言ったという。これもまたモルテマール家の気質である。

まだ夕刻には間があった。王は、アテナイスを紅葉の美しい庭園の散歩に誘った。ル・ノートルによって植えられた木々はまだ若かったが、その数はおびただしく、「グランド・パルク（大庭園）」の下草部分を美しく彩っていた。王は、時間があればトリアノンまで足を伸ばし、これから陶器の館を立てようと計画している美しい村を訪ねようと思っていた。「ヴェルサイユの庭園散策の道順」を踏もうとしていたのだ。

モンテスパン夫人は少し寒かったが、ときどきすれ違う婦人たちの嫉妬の眼差しを感じて体が火照った。彼女は宮殿のおびただしい数の窓のどこかからルイーズ・ド・ラ・ヴァリエールがこちらを見て、悪しざまに罵っているのではないかと想像した。策略家のモンテスパンめ、もう若くもなく、すっかり太って子豚のようだ、と言っているのではないか。それはモンテスパン夫人にとってはむしろ、喜ばしいことだった。言葉が辛辣さを増せば増すほど、彼女の勝利は確かなものになるのだから。

しかし同時に、モンテスパン夫人はラ・ヴァリエールのことを多少はうらやんでいた。なにしろ、ラ・ヴァリエールはモンテスパンの持っていない長所を持っている。モンテスパンの機知や気性をほめられることはあっても、決して徳が高いとか正直だとは評されなかった。彼女ならフーケの賄賂を断らないと思われているに違いない。いったい、あのふしだらな女、やせぎすの淫売はどんな手を使って、貞淑で慎み深く、信心深いと思わせているのか？　それよりなにより、王をどうやってこんなに長い間惹きつけておけたのだろう？　今やちっとも美しくもなく、王を喜ばせるような知性のかけらもないくせに……。

王は、ル・ノートルや庭にいたすべての職人たちを夫人に紹介した。夫人は、ここですぐに彼らを使う立場になったらどのように振る舞えばよいかを学んだ。庭師の親方が果物かごを持ってくると、王はそこからブドウの房を取って、彼女に与えた。当時流行っていた果物言葉で「あなたにぞっこんです」という意味である。食いしん坊で、抜け目のないモンテスパン夫人はそれをかまわずに食べると、プラムをつかんだ。すべすべして甘いプラムの果物言葉は、「感激です」という意味である。

ふたりは夕日を受けて薔薇色に色づいているオレンジ園までそぞろ歩いた。真新しい建物はまだなんの歴史も持たず、清潔に輝いていた。地中海の船員たちが集めためずらしい植物を入れた箱が置かれているところで、王は彼女に腕を差し伸べた。よろめかないように支えるためもあったが、彼女の肘まで露出した柔らかい肌に触れたかったのだろう。ふっくらとした手首から、手の平が花びらのように広がっている。王は手袋やシャツを通してやわ肌を感じた。そして、どこのボスケにどこにしようかと考えていた。しばらくためらいながら、ドファン、ジロンドルと来て、ついにラビラントを選んだ。モンテスパン夫人はあたりのあまりの静けさに驚いていた。職人たちはふたりを残してどこかに行ったらしい。王は夫人に、ボスケのことを別名「緑の部屋」と呼ぶのだと教えた。それ以上聞く必要はなかった。モンテスパン夫人は息を止め、好奇心に目を輝かせながらも、少し心細げな表情をするときが来たのだと理解した。王は、あわただしくことを済ませた。すでにだいぶ時間が経っている。もう戻らねばならない。たとえモンテスパン夫人にとっては声を出すふりをする時間すらなかったとしても。もちろん、歴史に残るようなことは何もない。彼らのまことにひっそりとした逢い引きはどこにも記されていない。最初の関係は、実にあっけないものだったのである。

確かなことは、一回関係ができた今が考えどきだということだ。ボスケに誘われ、そこで王の愛を受ける女性は、春になってそこらじゅうにびっしり生える草の数ほどいるだろう。サン・シモンが、若い王は手当たりしだいで、相手が好意をもっていそうであれば誰でもよかった、と書いている。ここが難しいところだ。しかしモンテスパン夫人はしたたかな策略家だった。他の女たちとの違いを見せなければならないと思った。そのために、無関心さを装うことにした。どんなに男としての自信に満ちあふれた男でも自分の性的魅力に疑いを持たざるを得なくなる、「何事もなかったような」態度である。

王とはその後も定期的に顔を合わせたが、モンテスパンはまったくの無視を決め込んだ。顔を赤らめもしなければ、意味ありげな、もしくは恥ずかしげな目配せもしない。前日のパテを出された猫のような、うんざりした表情を浮かべた。王はと言えば、「好きにするがよかろう。こっちも願い下げだ」といった強がりを側近に漏らしている。しばらくそんな状態が続いたが、そのうち王は意地になり、あの生意気な女を思い通りにしてやろうと決意するが、うまくいかない。

それでもときおり僥倖のようにすばらしい時間を持てることがないではなかった。そのときは、夢中で話をし、体をよせあい、互いをむさぼり合った。しかし、ことは一気には進まず、モンテスパン夫人が公式の寵妃となるには一六七四年まで待たねばならなかった。

モンテスパン夫人は、王に自分が主導権を持っているように思わせた。しかし実際は、すべては彼女の思惑に従って王が踊らされたのだ。何年かの恋愛ゲームを通じて、王は、彼女を手中に収めたかのように思った。しかし王を手に入れたのは夫人のほうであった。パリではモンテスパン夫人は、たとえ一番美しかったとしても、美しい婦人たちのひとりに過ぎなかったが、ヴェルサイユではひとつの神話になった。

第7章　もう森へなんか行かない

問題は夫のパルダイヤン（モンテスパン侯爵）だ。彼は、名誉を重んじる気のいい男だ。人は、何の問題もなければガスコーニュ気質［血気盛んな意地っ張り、頑固な変わり者］になりはしない。フランスの歴史上最初のコキユ（寝とられ男）が四年間の結婚生活の後、そうなったというのは、さぞや苦い思いの末であろう。確かにこの時代は愛し合うカップル向けにはできていなかった。結婚はふたつの富を結ぶ家と家の契約で、ふたりの気持ちは付録のようなものだったからだ。

フランソワーズ・アテナイス・ド・トネ＝シャラントにとっては、ことに結婚は難題だった。彼女はやたら称号を持つ名門の出だが、その割に裕福ではなかった。男性は、やむを得ない事情があれば自分より下の階級の女性と結婚することもあったが、女性にとっては、少なくとも自分と同等の階級以下の男性との結婚はありえないことだった。アテナイスの周りには求愛者がひしめき、口をきわめて彼女の魅力や才能をほめたたえたが、いざ指輪を贈ろうかという段になると、逃げ出した。そんな彼らを口先ばかりの男どもと軽蔑しながら、二十三歳になってもこのフランス一美しい女性は独身だった。
モンテスパン侯爵は、思わぬ幸運をつかんだと言えよう。彼はアテナイスに負けず劣らず位は高かったが、金はなかった。さらに幸いなことに、ふたりはお互いを気に入った。ふたりとも強い気性で、親が残した名前ばかりのつまらない社会的地位にとどまるつもりがなく、野心満々だった。

結婚式を挙げて間もなく、ふたりは大急ぎでパリに向かうことになった。王妃が、ルイ十四世の弟フィリップの妻であるアンリエット・ダングルテールの侍女にと、夫人を呼び寄せたのだ。マダムの横を気取って歩くアテナイスはたちまちパリ社交界の注目を浴びる。人々は彼女がいかに美しいか、また賢いかを語り合い、「すべての大使が感嘆する美しさ」だと称賛した。そんななかで関心を示さないのは王だけだった。それも今だけだ、と彼女は思っていた。王が彼女の張った魅惑的な網にかかるまで、もう少し時間が必要なのだ。アテナイスはそのためにパリにいたかったが、夫は承知しなかった。これが、きっかけとなり、夫婦の間ではその後果てしなく続く諍いの火ぶたが切られたのだった。

というのも、パリに来てから妻は美しさと機知で輝いていたが、夫はその陰で光を失っていた。妻の知的なサロンでは退屈し、賭けをしては彼女が儲けた分をすった、そしてほどなく嫉妬するようになる。彼女は華やかな都の水が合ったが、彼は妻の陰にいられる男ではなかった。彼が妻の腕をとると、誰もが、彼女は夫と何をするのだろうという顔をした。しかも悪いことには、彼にではなく彼女にだけ注がれる視線のなかに、ついに王のものが混じるようになったのだ。

しかしパルダイヤンは、妻の成功に乗って生きるタイプの男ではなかった。彼はついにパリを離れ、ピレネーにある家のひとつに引きこもることを決める。そこに行けば、ふたりは王と王妃だ。しかし彼女はついていきたくなかった。彼女の、いやふたりのキャリアがまさに今作られようというときに宮殿とパリを離れ、どんな状態かわからない小屋の中で何をしようというのだ？　パリがこんなに肌にあっているというのに。

王がアテナイスの魅力に抵抗できなくなるのも時間の問題だろう。王の尊大さが薄れてきているのを、彼女は敏感に感じていた。同時に、ラ・ヴァリエールの美しさにかげりが出てきているのも。すでに彼女は自分こそ寵姫だと感じていた。ラ・ヴァリエール以来、寵姫の地位は公式に認められるものになっていた。権利と義務をもち、ほとんど王妃と同じ重みを持つようになっている。寵姫に与えられている仕事は、サン・ジョゼ女子修道会の慈善事業であった。孤児たちに針仕事を教え、その後よい家柄か修道院に入れるというものである。教会では特別席を与えられる。この資格を得るのは、宮廷人にとっての勲章をもらうに等しかった。アテナイスは何とかしてこの地位を手に入れたかった。パリに残るため、彼女はあらゆる理由を探した。ふたりの子供はまだ五歳にもならない。まだか弱く、いま生活場所を変えるのはよくない。パリでのさまざまなことが落ち着いたら行く、と夫には言った。

ひとりパリを離れたパルダイヤンは、妻に悲痛な手紙を書いた。彼女のためにどんな工事をしているか、どのようなすばらしい場所が彼女の来るのを待っているか、庭がいかに見事か、果物がパリよりどんなに美味しくて彼女が喜ぶに違いないか、近所の貴族たちとの交流がどれほど楽しいか、ガスコーニュ人たちがどんなに滑稽かと言うようなことを書いた。しかしそれがなんになろう、彼の田舎の「ヴェルサイユ」が王の宮殿と対抗できようはずもなかった。

夫人からは、ごくまれにしか返事が来なかった。それもいつも否定的な内容だった。モンテスパン侯爵はなんとかせねばと焦った。王の宮廷は遠かったが、侯爵はそこに、気心の知れた従兄弟を偵察員として送り込んだ。従兄弟はふたつ返事でこの役目を引き受け、モンテスパン夫人が長時間にわたって王やラ・ヴァリエール夫人と過ごしていることを伝えた。「少し淫らな」といった遠慮深げな言葉を使って侯爵夫人を表現したが、この従兄弟が彼女の味方でないことは明らかだった。その証拠に、モンテスパン侯爵に託された手紙を侯爵夫人に渡すときには、「コキユのご主人」とまでは言わなかったものの、「怒っているご主人」より、と記している。

侯爵夫人は貞淑さを装うどころか——彼女は自身自分の貞操観念が揺らいでいることに気付いていたが——激しく憤慨した。彼女をあれほどまでに、美しいとかすぐれているとか賛美していた夫が、なんと独占欲の強い人になったのだろう、まるで自分を領地の住民のように扱おうとしている。このふたりの結婚観は違っていたようだ。侯爵は夫婦は体も財産も一心同体であり、妻は自分の所有物のひとつのようなもの、という考えを持っていた。それに対して侯爵夫人は、王と寝室を共にすることは彼らふたりにとっての利益であり、カップルの社会的成功だと思ったのである。言うまでもなく、このふたりにはロマンチックなものは何もなく、愛情の問題ではなかった。ふたりとも、それぞれのやり方で、この時代の考えに沿って生きていたのである。侯爵の嫉妬が――私に言わせればだが――夫人の軽薄さをあおっただけになったことはともかくとして。ところで、侯爵は夫人を愛していたのだろうか？　それは私もわからない、しかし彼がスキャンダルを愛していたことは確かだ。

侯爵は、結婚を無効にしようとしたが、教会に認められなかったため、妻は死んだ、自分はやもめだと主張した。荘重な葬列をしたて、空の棺を用意させ、教会でミサをしようとした。このとき、教会の扉を大きく開けさせて、鹿の角が通れるようにしたという。鹿の角は、妻を寝とられた間抜け男の象徴だ。彼は大げさにこれを誇示し、四輪馬車に鹿の角を飾っていたのだという。感情の起伏の激しい男だが、ユーモアにあふれていたのだ。まことに熱いコキユがいたものである。

モリエールが王の不貞をテーマに戯曲『アンフィトリュオン』を書き、チュイルリーで上演すると、彼は一躍有名になった。

ジュピターと分けあうことは
少しも不名誉なことではないさ
ライバルが神の王であると知れば
むしろ誇らしいではないか

パリじゅうが、国民的コキユをはやし立て、笑い転げた。笑わなかったのは、おそらくルイ十四世とモンテスパン侯爵だけだった。王は侯爵をフォールレヴェックの監獄に追放し、蟄居を命じた。侯爵は誇り高く引きこもった。彼にとって、妻の公然たるヒモになることなど、考えられないことだった。

しかし、モンテスパン侯爵がルイ十四世の性愛問題にかかわった最初の男でもなければ、唯一の男でもない。当時ヴェルサイユでは性の売買はめずらしくなかったし、売春は宮殿のなかでももっとも盛んなことのひとつだった。まずは、すべての娘たちが先を争って王の前に出された。金銭で取り引きされるわけではないが、君主の情けを受けるのは名誉なことで、母親たちは率先して、なんとか王の気を引こうと娘たちを売り込んだ。これは組織売春とは言わないまでも、運よく王の目にとまれば、そして寵妃の眼さえごまかせれば、出世は保証されたようなものだった。

おりしも、ラ・ヴァリエールの力は目に見えて弱まっていた。アテナイスが登場するまで、彼女を引きずり降ろせる女性は現れなかったが、その頃、王の周りにどれほど女性がいたか、長いリストが残されている。アンヌ・ド・ロアン・シャボー、スビーズ王女、カトリーヌ・シャルロット、ド・グラモン、モナコ王女、ボンヌ・ド・ポンス、ウディクール侯爵夫人、通称イザベルのマリー・エリザベット、ド・リュードル、クロード・ヴァン・デ・ズイエ。ここに列挙した以外にも多くの名も知れない女性たちが、母親に押されて王のベッドを飾った。中にはマンシーニ姉妹のように家族ぐるみという女性たちもいたが、もちろん彼女たちは王との結婚などは考えてもいなかった。

しかし王とベッドを共にすることは、どんな結婚よりもその後の安定した生活を保証してくれた。王の肝入りでそっと資産家に嫁いだ例もめずらしくはない。確かに、彼女たちはすべてを承知していた――いったい誰が欧州一の王のベッドを断るというのか。しかし当然ながら、秘密裏に売られた女性たちも多かった。こうして、上流階級は率先して体を売る商売に励んだ。ルイ十四世の治世はこの商売を花開かせたのだった。

そして少し身分の低い女性たち、部屋係や召使たちが続く。寵妃たちは自分が王の相手をできないとき、心配のない彼女たちを身代わりに仕立てた。モンテスパン夫人はこの面でもチャンピオンである。彼女に仕えれば、まず間違いなく王の相手を仰せつかった。妊娠中は間違いなく召使にその役が回ってくるが、彼女はたびたび妊娠したのだ。

田舎からヴェルサイユ詣でに来る諸侯たちも、売春に貢献した。宮殿の近辺に宿屋が増え始めたのが、その傾向に拍車をかけた。私が見つけた宿屋の料金表には、一晩いくら、というところに、ベッド、シーツと並んで、女性、という項目が出ている。女性が足りなくなると、公衆浴場や町のボルデュール［取り囲む地区］に並ぶ専用の施設に探しに行く。ここから、ボルデル（淫売屋）やボルドー（ボルデルと同じ意味）という言葉が生まれた。さらには工事と駐屯兵部隊のおかげでヴェルサイユには多くの労働者や兵隊が集まり、一六八七年には男性人口は六万人にのぼった。そこにどれだけの娼婦たちが集まったか想像してみてほしい。

こうして、宮殿を囲む森はさながら野外の売春宿の風を呈していた。当時は木々の数より娼婦の数のほうが多かったと言われている。しかも木より女性のほうがはるかに簡単に花を咲かせるのだ。これはルイ十四世の頭痛の種になった。スカートをたくしあげて宮殿の入口付近で男の気を引く女性たちの姿が秩序を乱すばかりではない。それより心配なのは、兵士や労務者たちの健康だった。もし梅毒が猛威をふるったら、単純に工事が遅れるばかりか、ややこしい家族問題が起き、工事の進行に壊滅的な影響が出る可能性があった。そういえば、それほど昔もことではないが、ヴェルサイユで見た光景を思い出す。給料日になると労働者の女房たちが、売春婦にすべてを持っていかれないようにと、亭主と給料を迎えに来ていたのだ。

ルイ十四世が次のような王令を出したのも、道徳的な観点からではなく、公衆衛生のためだった。「宮殿の近くで売春行為をするすべての者、及びそれによって利益を得るすべての者には、広場で鞭打ちの刑が科せられ、王国に財産を没収され、鼻と耳を削がれるものとする」。女性たちにこの世界で最古の職業を禁止するまことに効果的な方法ではないか?

王令の効果があって、森は以前の牧歌的な静けさを取り戻した。売春婦たちは町に移動した。代わりに反対側にどんどん家が増えていった。奇妙なことに当時もっとも流行ったものは読書だった。まるで病院で順番を待つ間に雑誌を繰るように、エロティックな本を見ながら、女性が空くのを待った。『c……の告白』を読みながら順番がくると女性と部屋にこもり、または『ファンシェットの足』をめくりながら自分の娼婦の現れるのを待った。なお私が愛読しているのは、少し後になって刊行された『淫売屋の子供』(一七九六)である。侯爵とモードの売り子との間に生まれた幸運な少年が、「十六歳の小手調べ」に店を次々に訪ね歩いていく成長物語である。プレイヤード社のシックなシリーズで美しい装丁が施された本で、現代的な内容に驚かされる。とにかく面白い本である。そこにこんな詩が載っている。

この世を支配する神から
もし僕がいっときでも力を授かったら
僕の指の一本一本をペニスにするのに使うだろう
そして僕の欲望を満たすのに
死ぬまでに
僕の血　僕の命
僕の最後の息をすべて吐き出したい

興味深いところをいくつかあげよう。「六プース（一プースは約二十七ミリ）のクリトリス」とか両性具有者の話、「あっという間にすべての衣装をはぎ取られた」こと、宗教がらみでは「司祭は僕がぼーっとしている隙に彼のズボンのボタンをはずし、しごく正常なサイズの一物を出して、彼の流儀で僕を引き寄せ、僕の童貞を奪って僕の目を覚まさせた」こと、レズビアンも登場すれば、勃起したペニスの型をした玩具も出てくる。ここに出てくる性戯はおそらく効果はあまりないかもしれないが、今のポルノ映画よりはるかに楽しい！

これらの淫売宿は入口の妻壁に月桂樹を編んだ輪を飾っているのが目印だった。医者はケリュケイオン（ヘルメスの伝令杖）を、公証人はマリアンヌ（フランス共和国の愛称）、そして売春婦は木を目印にするようなものだ。面白いことに、月桂樹には純潔にまつわる伝説が伝えられ、神話に登場するダフネという美しいニンフは、アポロンの求愛を拒否して月桂樹に変えられたというのである！　というわけでヴェルサイユでは、オー・ド・スイス（スイスの水）や、プティット・プラス（小広場）からほど遠からぬところで月桂樹が栽培されて、二十世紀までそのしきたりは続いた。淫売宿は目立たないように営業していたが、通りにはわかりやすい名前が付いていた。ティール・ブダン（売春婦抜き）通り、トルス・ピュタン（売春婦服）通り、ブリーズ・ミッシュ（おっぱいそよ風）通り、などなど。こうした名前の通りが今もパリのオテル・ド・ヴィルの近くにある。ここに何があるのか、名前を見ればわかったのである。ルイ十四世も、王令によってヴェルサイユから出ていった売春婦たちがどこへ行ったのか、わかったことだろう。そして、彼の兵士たちが相変わらず梅毒に苦しんでいることも。王は、自身が必要としていないこともあり、売春を悪徳と決めつけていた。そして兵士たちが戦場に赴く前に、虫のように次々と倒れるのに業を煮やし、一六八七年に売春宿禁止令を出した。施政中に教会の方針を受け入れたのは、このときだけである。こうして月桂樹の入口にかけられた月桂樹の輪は外され、売春宿は姿を消した。

もうヴェルサイユの森へなんか行かない
月桂樹は切られちまった
月桂樹の輪を付けた宿もなくなっちまった

第8章　モンテスパン夫人の庭

　ヴェルサイユ宮殿の庭には、女性の名前をつけるべきだったと私は思う。ここを訪れる人たちが腕を組んで散歩するのがラ・ヴァリエール夫人のボスケやポンパドゥール夫人の公園、マリー・アントワネットの原っぱ、といった名前だったらと。こうした貴婦人たちは、宮殿のまわりに自分の影響力の大きさとその証を残したが、逆にそのせいでしばしば他の貴婦人によってその痕跡を消し去られてしまった。ルイ十四世の寵姫《ファヴォリット》モンテスパン夫人が造った「陶器のトリアノン」は、二番目に正室となったマントノン夫人によって「大理石のトリアノン」に建て替えられ、ルイ十五世の寵姫のポンパドゥール夫人の「プチ・トリアノン」は、同じく寵姫デュ・バリー夫人によって改装された。それでも私はこの庭に、ここを鮮やかに彩って生きた彼女たちの息づかいとその人柄を感じるのである。

「モンテスパン夫人の庭」と私が呼んでいる一角がある。私はその庭の小径に友人たちを散歩に誘い、咲き乱れる花を眺めながらこの女性のことを思う。モンテスパン侯爵夫人、フランソワーズ・アテナイス・ド・ロシュシュアール・ド・モルトゥマールは、ヴェルサイユに暮らした貴婦人たちのなかで、誰よりも庭園に愛着をもった女性だ。ルイ十四世が彼女のセンスを認め、夫人好みに庭を造らせたのも一度や二度ではない。官能的な魅力をもった優美なこの女性は、当然のことながら花が大好きだった。それも、うっとりするような香りを放って人を虜にする、まさに彼女自身のような花が好きだったのだ。

「陶器のトリアノン」の周りに、モンテスパン夫人はジャスミンやチュベローズ、アネモネ、そしてもちろんスイセンを植えさせた。それらは式典に飾るような豪華な花でも、かといってひ弱な花でもない。つつましく咲きながら繁殖力が旺盛で、「ハレムの女たち」とでも名付けたくなるような甘い芳香を持った花だ。実際、モンテスパン夫人は「陶器のトリアノン」をかなり極端なオリエンタル調にしていたし、ルイ十四世にしても、ハレムで女性たちに囲まれているスルタンとあまり変わりない振る舞いをしている。トリアノンの花の香りは、夏の夕暮れどきなど、息苦しくなるくらいに甘くテラスに立ちこめるという。

「陶器のトリアノン」には、ひとつの階をそっくり東洋風とか中国風とかの、私にはよくわからないが、青い色のタイルで飾りこんだ大広間があった。そこはひんやりとしていて、「夏の日盛りに数時間を過ごすのに最適」だっただろうし、モンテスパン夫人はそそるような甘い香りの花を香油にして、「香りの小部屋」にたくさんしまっていたに違いない。私は、ヴェルサイユの庭が異様に甘い雰囲気を持っているのは、モンテスパン夫人のせいではないかと思っている。ここは単に幾何学的な「整然とした美しさ」を備えただけの庭ではなく、庭園を設計したル・ノートルの英知をもってしても想像がつかないくらい優雅で甘く、あの太陽王ルイ十四世のいかめしい顔にも笑顔が浮かんだであろう場所なのだ。

「モンテスパン夫人の庭」を散歩するとき、私は宮殿そばの「王妃のボスケ」から始める。「王妃のボスケ」は、一六六九年にモンテスパン夫人のために催された祭典の折に造られたものだ。宮殿のすぐ近くにありながら、こんもりとした植えこみの下に縦横に走る細い小径は薄暗く、しんと静まりかえっている。このボスケのほんの少し先まで行けば「オランジュリー（オレンジ園）」の建物があって、すぐまた明るい日差しが注ぐとわかっていても、小径にいると、この世でひとりぼっちになってしまったような気がする。それでこの茂みは、最初は「迷路園」と名付けられたのだが、しばらく後にマリー・アントワネットの首飾り事件が起こり、「王妃のボスケ」と呼ばれることになった。ロアン枢機卿が偽の王妃にだまされて首飾りの代金を払った場所が、ここだからである。

ルイ十四世は、モンテスパン夫人と一緒にこの迷路で道に迷うのが好きだった。モンテスパン夫人は、思わせぶりな態度をとるのが大の得意だったから、王のそばにすり寄ってこうささやいた。「ここはどこですの？　あちらに曲がったりこちらに曲がったりして、わたくし、もうさっぱりわからなくなってしまいましたわ」と。だが、実は彼女はこの迷路のことなら角々まで知り尽くしていた。ここを造るとき、自分のサロンの常連でこの庭園の装飾にかかわった建築家ペローや詩人のラ・フォンテーヌに相談や助言をしたのは、おそらく彼女だったはずだから。ともかく、この「迷路園」はお伴の者たちを迷わせ、邪魔な彼らを遠ざけるのには実に都合がよかく、どんなにまわりが騒がしくて落ち着かなかろうと、ある程度の時間を必要とする男女の交わりにスリリングな刺激を与えてくれたのである。

モンテスパン夫人は自分の才気に自信を持っていたが、同じようにラ・フォンテーヌの才能も高く評価していた。ボスケの装飾を選ぶとき、この作家の『寓話集』を題材にしようと王に進言したのはモンテスパン夫人だったに違いない。ここには三十九の泉があり、『寓話集』と『イソップ物語』に登場する動物たちの物語が、着色した鉛で見事に演出されていた。

モンテスパン夫人はユーモアのセンスがあり、少しばかり知的で悪賢かった。王に頼み事をするときには、腹立たしい気分のときほど愛想をふりまき、「王様、ネコとネズミの泉に参りましょうよ」としなを作り、甘えたい気分のときは、「国王陛下、クジャクとカラスの泉にお連れくださいませ」と言っただろう。王は機嫌が悪いときなど、「いや、オオカミとツルの泉に行って、少し休もうではないか」と答えただろう。

だが、この「迷路園」はあまりにもろかった。維持が大変で金もかかり、そしておそらく、あまりにモンテスパン夫人と深くつながっていたために、この美しき侯爵夫人が力を失ったときにそのままの姿で持ちこたえることができなかったのだ。当時の面影を伝えるものは何枚かの設計図以外なにも残っていないが、ここ数年、復元を求める声があがっている。

小径を先に進もう。残されている設計図には、庭園のあちこちにさまざまな趣向のボスケが記されている。まず目につくのが、劇場を模したいくつかのボスケだ。自然を生かしたものではなく、壮麗さを演出し、多くの場合、神秘的な雰囲気をかもしだす効果をねらった人工的な舞台装飾がほどこされている。「舞踏場のボスケ」などは、宮殿内の舞踏場が屋外のボスケのなかにそっくり再現されている。そこを訪れた者は、自然の美を超越した庭園の造形美に否応なしに圧倒される。そのほかには、建築技術のすばらしさよりも彫刻や植生の見事さを見せるために造られた「王太子の木立」のようなボスケもあった。

ルイ十四世は、画家のフーケが自分の館に造りつけようと注文した水浴場をこうしたボスケに作らせ、画家のプーサンによればローマで作られたとされるすばらしい彫刻の数々を並べさせた。意味深だ。そこらの女優よりよっぽど色気のあるニンフ像や、オリンピックの水泳選手がうらやむほど筋肉質の「河の神」の像が、美しい木々の緑に囲まれて立っているのだ。若い侯爵夫人をここに誘ったルイ十四世を、私はつい想像してしまう。ルイ十四世は、夫人を魅了しようとヘラクレス像のわきでポーズをとり、われこそは王なりとアピールし、気高さと威厳を兼ねそなえたパワーを彫刻に吹きこんでみせたのだろう。

ここでモンテスパン夫人が気の利かないお伴の者たちをしかりつけている姿も想像できる。職務に熱心すぎてそばから離れようとしない侍女に気がもめ、厚かましいとか無作法だとか、嫌味たっぷりに甲高い声で責めたてて追い払い、それから魅惑的な姿でもの欲しげな微笑を浮かべながら自分を取り囲むニンフたちの像のひとつになる。ルイ十四世とモンテスパン夫人は、ギリシア神話のジュピターと妻のユノーのように、ここでたびたび夫婦喧嘩もしただろう。背の高いマロニエの木立は、すうっと天に昇っていくような感覚を生みだす。当時としてはめずらしい木だったので、なおさら天上を思わせる幻惑的な雰囲気をこの場所に与え、バロック様式の彫像の苦しげな表情と呼応するかのようにふたりが大声で叫び、怒ってののしり、そして愛情を確かめあって仲直りをするには理想的な場所になっただろう。

叫び、どなり、非難と不平の声を木々のてっぺんまで鳴り響かせ、それから慰めあい、いたわりあい、少し先のベンチ代わりの岩に座って、悲しみやさびしさの涙をぬぐう。町の劇場で演じられる夫婦喧嘩のワンシーンのようだが、これがすべて王家の劇場で演じられていた。実際、この偉大なる世紀《グラン・シエークル》の人々も、常に立派に気取っていたわけではない。上品そうな宮廷貴族たちでも派手に喧嘩をし、言いたい放題ののしりあっていたのだ。シャルトル公爵夫人とプリンセス・コンティなどは日常的にお互いを「大酒飲み」「ぼろ袋」と言いあっていた。

ボスケの多くは、美しい装飾を並べて満足感を得るための場所ではなく、単に外界から切り離されるため、つまり男女が戯れるための場所として存在する。そう信じたい……いや、間違いない。ルイ十四世がそれを証明する代表者だ。ルイ十四世は、ヴェルサイユのいたるところに自分の威厳ある姿を映してひけらかし、他人からの賛美を求めたが、それは宮殿内の鏡にとどまらず、庭の泉水の水にまで及んだ。だが、ボスケはルイ十五世の時代には秘密めいた場所となり、やがて、特にマリー・アントワネットの頃には誰も寄りつかなくなってしまう。

それでも、なるほどルイ十四世がそのなかにときどき姿を消したはずだと思わせるボスケが、今もいくつか残っている。それは思わず内緒話と愛撫がしたくなる場所だ。なかでも一番そそるのは「エンケラドスの泉水」のような気がする。理由は簡単だ。大部分のボスケは木々が彫像と泉と美しい花々を囲み、その緑の宝石箱のような美しさに見とれてしまう。ところが「エンケラドスの泉水」はそうではない。ここは「ズボンを下ろす」ことや「裾をまくりあげる」のにあまりにもぴったりな空間を提供してくれるので、それ以上のことが思いつかなくなる。もっとも、それ以上何があるのか私にはわからないが……。

同じことが「王太子の木立」や「ジランドールのボスケ」にも言える。そこに入ると、かつてそこで行われたであろうことを自分もしてしまうのは疑いようもない。若いカップルがボスケに消えていくのを目にしたときなど、ふたりのどちらかがエロティックな気分になり、静かにマーガレットの花びらでもつまみたくなったのだろうなあ、と思ってしまう。「エンケラドスの泉水」では、密に植えこまれた何種類もの豊富な種類の木々が「緑のついて」になり、訪問者の親密な時間を常に守ってくれる。そのうえ、クマシデの高い生垣で囲まれていて、今でも驚くほどに静かだ。ルイ十四世の時代には、庭園にはたくさんの人がいた。その頃の感じをつかみたければ、庭園が混みあっている日に来るといい。すぐにボスケが人ごみを避けるためにあったことが理解できる。ボスケのなかに入ってしまうと、外の騒音は遮断され、小径を歩く人の声も聞こえてこない。同じように、なかで声をあげても外には漏れないし、ささやき声も、ドレスやマントのすれあう音も、大きな緑の壁が閉じこめてくれる。王が、王妃や寵姫が、安心していられる理想的な場所だったのだ。

散歩道の小径からそれ、木々の奥に何分間か姿を消し、そして「つながり」を作る。その結果どうなるかは、誰も、ルイ十四世さえも、はっきりとは知らない。彼はここで一時間ほど一緒に過ごした女性のひとりから、「働きぶりは馬車馬のようだった。でも、この馬車馬には、このときしか乗っていないし、そのあとは見てもいない」と言われている。

誤解してはいけない！「エンケラドスの泉水」は、もちろん屋外ラブホテルではない！　たまたまルイ十四世がここですばらしい時間を過ごしたというだけだ。ここには花が咲き乱れ、中央の泉水にエトナ火山に押しつぶされている巨人エンケラドスの彫像がある。溶岩を表す噴水の二か所から水音がしたかと思うと、そこから十メートル以上もの高さに水が噴きあがり、エンケラドスが苦しみの炎を上げる姿になるのだ。生垣を覆う花にはミツバチがやってきて、ぶんぶんと羽音をたてる。時間はあっという間に過ぎるだろう。心地よいほのぼのとした時間だ。

ルイ十四世はここにひとりの女性を連れてくる。王は女性に、夏は木陰で涼をとらせ、木々が葉を落とし空を覆うもののなくなった冬は、あたたかな日差しを浴びさせてやりたいと思っていたのだろう。だが、そこで筋肉のもりあがった太い腕のエンケラドスが、水を高く噴きあげる。思わず、王はその気にさせられてしまったのである。

この噴水の迫力に歓声をあげた後は、座って、ゆっくりとすばらしい景観にひたるといい。忘れられないひとときになる。

ヴェルサイユの庭園は、造園家ル・ノートルによって造られた。才能豊かなル・ノートルはしゃれたシチュエーションを想定し、侯爵夫人や伯爵夫人たちの肌の白さを守るため、あるいは単に腕を日に焼かないためだったかもしれないが、濃く茂った木の下に小さな木のベンチをいくつか作った。ルイ十四世は自分の庭のどこに何があるか、手に取るように知っていたはずだ。ルイ十四世の著書『庭園訪問の作法』にはベンチについては何も書かれていないが、何もかも知り尽くした王が見れば、ベンチが置かれた場所はいずれも、いわゆる「死角」になっていることがわかる。誰にも見られない。そのうえ、噴水から水が噴きあがると、ベンチに座っている人の姿は見えなくなってしまう。

狭いベンチに、当時のふんわりと裾が広がったドレスを着た女性が座る。ルイ十四世がそこでアスリートまがいのことをしたとまでは言わないが、花と間違えて女性の胸元にとまろうとする不届きなミツバチを撃退したり、あるいは大胆な女性からキスを迫られたりするには、実にうってつけな場所だ。邪魔者がきても大丈夫。右から来ようと左から来ようと、王のほうからはその姿がツルバラや刈込の隙間から見えるのだ。

ルイ十四世のような、忙しくて時間に余裕のない男性にとっては、ミツバチとキス、これ以上のことは望めまい。もし情熱を持てあましそうだったら、このボスケの近くに宮殿から一番離れている大きなボスケがあるので、そこに逃げこむのがよいだろう。

それは「舞踏所のボスケ」だ。エロティックでありながらほのぼのとした私の散歩の終点にあたる。ここは一六八〇年に開放されたのだが、そのときもまだ造園は完成していなかった。ある晩、ルイ十四世はこの広々としたボスケでダンスをしようとモンテスパン夫人を誘い出した。ここは観覧席が階段状になった広い円形劇場で、石と緑の木々が見事な調和を見せている。石造りの階段には貝殻と珪石が埋め込まれ、その中央に木造の舞台がしつらえてあり、おとぎ話に出てきそうな光景だ。

もちろんここは開放的すぎて、ひそかに何ごとかをするというわけにはいかない。四方八方から丸見えだ。だが、パレードやセレモニーにちょうどいい。触れあったり、抱きあったり、あるいはその予行演習や足慣らしにも向いている。もちろん、メヌエットやサラバンドのダンス、の話だ。ルイ十四世はこのダンスに夢中だった。モンテスパン夫人もだ。しかし、一六八〇年にはルイ十四世にはもう体のしなやかさはなくなっていたし、夫人は――太りすぎて「巨大」になり――素早く足を動かすことはできなくなっていた。いやいや、そんなことを気にしなくてもいい。なにしろ、国王と寵姫なのだ。ふたりは神話の世界の恋人になりきって踊っているのだから……。

だがそれも、王がここにほっそりとした体つきに透き通るような肌をした美女を連れてくるまでのことだった。この女性は、マリー・アンジェリク・ド・スコラーユ・ド・ルシーユ。オーベルニュ地方から出てきて宮廷にあがったばかりの、十八歳の若い女性だった。モンテスパン夫人は彼女にだけは、その美貌に驚異を感じた。そして、ライバル意識をかき立てられた。夫人はおそろしいほどに彼女を憎み、ある夜、夫人はルイ十四世からもらって飼いならしていた二頭の熊を、この若くうるわしい「フォンタンジュ嬢」の部屋に放って、中をめちゃめちゃにさせたのだった。

この時代、優雅なワルツこそ踊られてはいないが、舞踏場は絢爛豪華だった。とりわけ夜が更け、燭台や豪華なシャンデリアの明かりの下で踊るダンスは、雰囲気満点だった。ルイ十四世は力強い腕をフォンタンジュ嬢の腰に回し、ダンスを踊っているのだから堂々と、しばしば彼女を強く抱きしめる。王がフォンタンジュ嬢のために特別にアレンジさせた曲が、時に激しく、時にやさしく演奏され、たちまちのうちにフォンタンジュ嬢は頭がぼうっとして、虚ろとでもいうような状態になった。

だが、すでに老齢にさしかかっているルイ十四世にはリウマチのような痛みがあり、いくぶん体の自由がきかなくなっていた。心配性の侍医たちは、「それは痛風にございますから、見物席にお座りになってフォンタンジュ嬢が踊っているのをご覧あそばしませ」と王に勧めた。フォンタンジュ嬢は、王の目の前で優雅な微笑を浮かべ、揺れる炎のようにくるくると舞う。ときおりスカートの下から細い足首がのぞき、それがなまめかしい足を想像させ、噛みつきたい衝動にかられる。王が我慢の限界を迎えるのにそう長い時間はかからなかった。だが、ルイ十四世とフォンタンジュ嬢の関係は長くは続かず、あっけなく終わる。ほどなくフォンタンジュ嬢は亡くなるが、これはモンテスパン夫人の陰謀によるものといわれている。

現在、「舞踏場のボスケ」は大きな柵で閉じられ、入ることはできない。私は鍵を持っているが、もともとはここに柵などなかった。宮殿に来た者なら（宮殿には剣を持っていれば入れた）庭を自由に歩きまわることができたのだ。柵をつけたのは、泉水の鉛を盗まれないようにするためとよく言われるが、むしろ、この場所が乱用されないためではないだろうか。モンテスパン夫人とルイ十四世はどちらも庭に対して強い思い入れがあり、ふたりの関係がうまくいっていた時期には、夫人の館のクラニー城の造園にまで、王は自分のお抱え技師のル・ノートルを「貸し出した」ほどだった。

私は、ヴェルサイユ宮殿の庭園には、モンテスパン夫人が決定的な影響を与えたと思っている。確かに夫人が宮廷から退いた後、夫人につながる多くの場所は造りかえられた。だが、ルイ十四世はモンテスパン夫人に夢中だった。夢中だったからこそ「陶器のトリアノン」というおとぎ話の館をわずか数か月で造らせた。高価な木材を床に張った浴室に大理石の浴槽を据えてプレゼントし、夫人が身支度をしたり、ふたりで戯れたりできるようにしたのだ。浴槽は大理石の塊をくりぬいて作られており、今ならプールとでも言いたくなるほどの大きさだ。この浴室は、浴槽の形にちなんで「八角形の間」と呼ばれている。

ルイ十四世は馬鹿げたことをたくさんしてしまうほどモンテスパン夫人に夢中だった、それでも結婚はしなかった。ルイ十四世の王妃の死後、正室になるという偉業を成し遂げたのは、気性が激しく金遣いの荒いモンテスパン夫人とは正反対の、冷静で計算高い「もうひとり」のフランソワーズ、フランソワーズ・マントノン夫人だった。

マントノン夫人は、ライバルだったモンテスパン夫人の派手さや華やかさを消し去ろうとし続けた。モンテスパン夫人とはずいぶん以前から友人だった彼女は、まず夫人の子供たちの心のなかに入り込み、次に国王の心のなかに入り込んでモンテスパン夫人の居場所を奪った。そして、自分の前任者たちのために建てられた建造物を壊した。ラ・ヴァリエール嬢の「テティスの洞窟」、そしてモンテスパン夫人の「陶器のトリアノン」が姿を消した。だが、モンテスパン夫人のエスプリは、紆余曲折を経てなおこの庭園にとどまり、今も、木々の向こうのそこここに、あでやかな息づかいを感じさせている。

第9章　信心家の猫かぶり　マントノン侯爵夫人

一六八三年の夏の終わり、宮殿で思わぬ事態がもちあがった。ヴェルサイユにやっと慣れた王妃マリー＝テレーズが急性の敗血症にかかり、数週間の闘病ののちに亡くなったのだ。寡夫になるなど思いもよらなかった国王陛下は、王妃逝去の発表に際し、こう述べた。「彼女が余にもたらした初めての悲しみである」。このとき、ルイ十四世は四十五歳、すでに容貌は衰えていたとしても妻を亡くすには早すぎる。その王のそばに、ひとりの未亡人がいた。とてもやさしく、とても信仰心の厚いこの女性は、マントノン夫人と呼ばれていたフランソワーズ・スカロン（スカロン未亡人）だった。

マントノン夫人は何年も前から王の庶出の子供たちの養育係をしていて、行動を慎まないと神の怒りをかうと王のことも「教育」していた。自ら額に汗して稼いだ財産のほかは何も持たなかったが、ほんの何年か前に爵位を手に入れ、マントノン侯爵夫人となったこの女性が、フランス国王ルイ・カペー（ルイ十四世）と結婚をしたのである。王妃の死後、数か月もたたない一六八三年の秋のことだった。

結婚式は、ヴェルサイユ宮殿の王の御座所《グラン・ダパルトマン》に連なる小さな教会で行われた。国民には知らされず、いわゆる「秘密結婚」と言われているが、「この世でもっとも偉大なる王」とスカロン未亡人の結婚は、「あきれた」「いまいましい」と宮廷中の話題になった。ヨーロッパ最強の王が平民の娘をどん底の生活から救い出し、秘密とはいえ正式な妻にしたのである。これはまさにおとぎ話のようだった。だが、のちの革命家たちはいつまでもごまかされたふりはしていなかった。一七九三年、彼らはスカロン夫人の遺体を掘りだし、王家の一員としての運命《さだめ》を与えている。つまり、墓をあばき、亡骸を無残に切断したのだ。

敬意などあったものではないが、それこそが、伝記作家のシャンデルナゴールが『王の小径――マントノン夫人の回想』で書いているように、彼女が王妃として遇されたということなのだ。だが、このおぞましい光景の起こるずっと以前、このおとぎ話は、子供にはとても聞かせられない中身を持っていた……。

スカロン未亡人とはどんな女性か？　ルイ十四世の新妻となったとき、四十五歳をすぎていたこの「美女」は、真面目で慎重、厳格で倹約家、敬虔で美徳と信仰の権化だった。だが、それはごく後年のことで、本当は王冠を得るために猫をかぶっただけだった。それ以前の彼女は、かなりの遊び人だ。「ふしだらな生活を送った女性」だったと、サン・シモンは書いている。

確かに、彼女はつらい幼年期を過ごしたことで知られている。フランソワーズは父親が刑務所の看守の娘に産ませた子で、家は貧しく家族は苦しんでいた（彼女の倹約家精神はここからきているに違いない）。父親が一旗あげる夢を追って放浪の旅を繰りかえし、幼いフランソワーズは、貧しい母親の代わりにいわゆる「親代わり」となってくれた叔父や叔母、知人たちのところに引きとられ、しばらくの間育てられた。彼らはフランソワーズを大事にし、時には強く愛情を示すこともあったが、それでもわが子のようなわけにはいかなかった。極貧のなかで父親と放浪の旅をし、病により母親と死別した彼女は、十五歳のときに「親切な人たち」の存在を知る。彼らはおおかたが男性で、下心があって自分の膝の上に彼女をのせるような人たちだった。

この頃、修道院を出て代母のヌイヤン伯爵夫人に引きとられたフランソワーズは、パリの上流社会に顔がきく夫人から、パリの社交界《サロン》に紹介された。だが、彼女はそこで、礼儀を知らない子供と軽蔑され、無邪気さを馬鹿にされた。人々は彼女がひどく貧しい家庭に生まれたこと、さらにプロテスタントで、父親が繰りかえし厄介な事件を起こしていることたことを噂し、父方の祖父にあたるアグリップ・ドービニェもスキャンダルを起こしている一家の凋落ぶりを話題にした。ここまでのフランソワーズの人生は、ヴィクトル・ユゴーの『レ・ミゼラブル』やエクトール・マロの『家なき子』に出てくる子供のようだ。

しかしこのうぶな娘は、すぐに自分の無邪気さを捨て、純真なコゼットから変身する……ラクロの『危険な関係』に出てくるメルトゥイユ侯爵夫人に！　彼女はサロンで、口を慎むことや人の話に耳を傾けることを学んだ。そして、他人を観察し、誰の顔でも決して忘れないよう努めた。フランソワーズは才気のある女性だったが、それは、モンテスパン夫人のような才気とはまったく異なるものだった。フランソワーズはモンテスパン夫人のようにしゃれた会話はできないし、華やかさもない。だが、器用に立ち回り、隙がなく、非常に正確で簡潔な話し方で人の心をとらえた。

後見役で信心深いヌイヤン夫人の手から離れたフランソワーズは、すぐに、パリでサロンを持っていたニノン・ド・ランクロと知り合った。ニノン・ド・ランクロは高級娼婦で、十七世紀で最高にスキャンダラスな話題をふりまいた女性のひとりだが、教養があり、自立していた。ニノンは「好色」で、カルメンのように十人以上の愛人を持ち、真実かどうかは本人に聞いてみないとわからないが、相手が男でも女でも決して拒まなかったといわれる。両刀使いという意味では、ニノンはルイ十四世に肩を並べることができた！　ニノンはたいてい一時的な関係しか持たず、ときには一晩かぎりということもあり、ひとりの相手と数か月以上続くことはまれだった。相手にした客の数は数百人、なかには七十七歳の男性までいたという。

このニノンが、フランソワーズを庇護した。ニノンは、客たちがほめちぎるような馴れたその手で、フランソワーズを「一人前の女」にした。フランソワーズに有能な教師がついたのだ。ニノンはフランソワーズに、サロンで目立つためのノウハウや、楽しみながら男性を満足させるテクニックを教える。フランソワーズは優秀な生徒でのみこみが速かった。すぐにふしだらな女性の典型になったのは、言うまでもない。

私は、パリのトゥルネル通りのおしゃれなサロンにふたりがいるところを想像してみた——フランソワーズがニノンの前で、十七世紀から十八世紀に氾濫していた卑猥で面白い物語を朗読している。ニノンは「そこまで」とか「わかった？」などと言いながら聞いているが、読み方が単調になったり、反対に内容が物足りなくなったりすると、フランソワーズのそばにいき、本に書いてある魅惑の世界を肌で直接体験させる……。こうして十六歳になったフランソワーズは、依然として処女ではあったが、夫のいる女性よりはるかに多くの性の喜びを知っていた。

だが、女同士の甘い愛の営みにも終わりが来た。フランソワーズが結婚の適齢期を迎えたのだ。ヌイヤン夫人は相手探しに奔走したが、深刻に頭を抱えてしまった。フランソワーズは確かに美しい。だが、持参金もなければ身分もない貧乏人の娘で、しかもひどく素行が悪いときている。こんな娘をもらってくれる人がいるのか？　だが、敬虔で慈悲深いヌイヤン夫人（のちにヴェルサイユでマントノン夫人が信心家として自分の手本にしたのはこのヌイヤン夫人に違いない）は、知恵をしぼって次なる手を考えだした。フランソワーズが小さい頃に父親に連れられていった西インドのアンティル諸島の話を聞かせるという口実をつけ、作家のポール・スカロンにフランソワーズを紹介したのだ。

スカロンという作家は変わり者で、とにかく名をあげ稼ぐためならどんな評判が立とうが意に介さないという自由な発想を持っていた。『滑稽旅役者物語』〔邦訳は国書刊行会、一九九三年〕をはじめとする著作はかなりの好色本で、そんなスカロンとニノン・ド・ランクロに仕込まれたフランソワーズとの縁談は、まさにぴったりだった。

このとき、スカロンは若いフランソワーズが年寄り扱いをして嫌がりそうな四十二歳。そのうえ、リウマチでどこに行くにも車椅子の生活で、歯は抜け、肌には梅毒かと思うような吹き出物までできていた。だがスカロンのほうは、若いフランソワーズの気性や美貌にすっかり惚れこみ、意外なことに、この醜い男はフランソワーズから気に入られた。ふたりは結婚した。結婚初夜、客が帰ってから、スカロンはフランソワーズにこんな約束をした。「変なまねは絶対にしないよ。でも、いろいろなことを教えてあげるからね」。彼は、ニノン・ド・ランクロが教え足りなかったところを、好色話を専門とする自分が家庭教師となって教えてあげよう、というのだ。フランソワーズは言った。「修道院にいるより、あなたと結婚するほうがましですから」。フランソワーズにとって、この醜い男との結婚は打算だった。それでもふたりは喧嘩ひとつすることもなく、一六六〇年にスカロンが死ぬまで、夫婦として仲よく暮らしている。

このカップルには秘密がありそうな気がしないか？　そう、どちらもこの結婚生活から得るものがあった。フランソワーズは、夫のサロンで他人に気に入られるテクニックと話し方を完璧に身につけ、あちこちに何人も愛人を作った。障害がある歳の離れた夫は、誰を愛人に選ぶべきかを若い妻に助言したに違いない。そして妻の愛人を食事に招待し、一緒に会話を楽しみ、さらに家に泊め、妻が愛人と愛しあう姿を眺めたのだ。

スカロンは子供を作れる体ではなかったのかもしれない。下僕のひとりに、自分の代わりに妻に子供を与えてやってほしいと頼んだこともあった。フランソワーズが夫の頼みを聞き入れないことはめったになかったが、彼女はこの頼みだけは頑として拒んだ。フランソワーズも子供は欲しかったはずだ。彼女はのちにたくさんの子供たちの養育に力を注いでいるが、母になる喜びだけはついぞ知ることがなかった。妻の性行為をのぞき見して喜ぶ口の達者な男。私はこの『滑稽旅役者物語』の作家に、そんなイメージを抱いている。

フランソワーズはこの夫と二十五歳で死に別れた。また一文無しに逆戻りだ。だが、豊富な学習経験があり、今や自由もある。そこで彼女は、恩師ニノンの愛人を奪った。ルイ十四世の側近のヴィラルソー侯爵だ。この侯爵とのつながりで彼女はモンテスパン夫人と知り合い、王家の人々に近づく名誉を授かったのだが、実は侯爵はすばらしい財産を遺している。

ヴィラルソー侯爵は気が向くと彼女の絵を描いた。やわらかな幅広の布を身にまとっただけの、乳房も、臀部も、性器さえ見えそうに太ももをあらわにしたスカロン夫人を描いた絵だ。ルイ十四世と結婚するとき、彼女はなんとしてもこの絵を処分しようとしたのだが、ヴィラルソー侯爵はうまくこの絵を「紛失」させてしまった。おかげで、絵は今もヴィラルソー城に飾られている。

この絵をひと目見ただけで驚く。われわれがよく目にするマントノン侯爵夫人の肖像画は、いかにも信心家といった青白く厳しそうな顔の女性だが、そうなる前の彼女は、とても肉感的な女性だったのだ。胸の高い位置でつんと上を向いた愛らしい乳房を、体にかけたうす布の下から惜しげもなくのぞかせている。ふくよかで丸みを帯びた腰回りに、この時代の女性にはめずらしく長くてほっそりした脚をしていて、美しいとしかいいようがない。そこにきっちり結んだ口と、挑発的な目つきを足して、彼女の美しさを想像してみてほしい。とても大きな足をしているが、この足に一番親しみを感じる人も多いのではないだろうか。スカロン未亡人の姿がはっきり思い描けるだろう。

この頃、スカロン未亡人の関心は、もうセックスを楽しむことではなくなっていた。冷徹なところも持っていた彼女は、熱い肉体の交わりより冷たい金の手触りのほうがよくなっていた。それだけ計算高い女性だった。彼女は宮廷での出世を目論んだが、尻軽、売女、果ては「混ぜ合わせ」とまで言われた。「混ぜ合わせ」とは、複数の客が飲み残した何種類ものワインを混ぜて客に出すことで、最低の売春婦や情婦という意味がある。

彼女はモンテスパン夫人とのつながりを利用し、夫人の子供たちの世話をしながら、子供たちの愛情を自分のほうに向けさせた。なかでもメーヌ公を自分によくなつかせ、迷うことなくモンテスパン夫人を踏み台にした。一六六九年、スカロン夫人は国王の庶子の養育係になった。

このとき、モンテスパン夫人は疑いもしなかったろう。スカロン未亡人は友達で、しかも王より年上なのだ。年下ならば王の寵愛を受ける可能性は大きく、心配の種にもなろうが、年上の女なら問題はない。しかも、かつてこの「仲よしさん」は、自分の子供の養育係を引き受けるために、ポルトガル王へ嫁ぐ公爵令嬢の侍女という名誉ある立場さえ退いた女性なのだ。あり得ない……？

ルイ十四世の前では、フランソワーズ・スカロンは控えめだった。礼儀正しく、神と子供たちと教育のことしか口にしない。色気などまったくない女性に見えた。だが、一六七五年、モンテスパン夫人が娘のルイーズを出産したばかりのある夜、忠実な——そして年上の——女友達は彼女を裏切った。いつものように庭園の一角であることが起こったのだ。そのときのことを、異例にもルイ十四世は日記に書きつけている。

数日前のことだ。灰色の立派な身なりをした貴公子が、おそらくいずこかの王子がお忍びで歩きまわっていたのだろうが、サンジェルマンの公園で道に迷った妖精をみつけ、その夜のうちに妖精の心をとらえたいと思った。彼には妖精の名前がわかっており、妖精が美しく、やさしく、機知に富み、賢い女性であることも知っていた。しかも妖精は彼に身を任せ、彼の求めをまったく拒まなかったのだ。この妖精は、スカ××夫人と見まがうばかりで、だとすれば、灰色の王子が誰かは見当がつく。王子は余とよく似て、軽薄な女性は嫌いだが、貞淑ぶった女性も相手にしない。彼は賢明な女性を好むのである。

つまり、スカロン未亡人には、ボスケのなかで王に身を任す賢明さがあったということだ。夫人は培った技術のすべてを使って王を満足させた。そして熱い抱擁のあと、今度はその艶めいた唇から女性の美徳に関する言葉をあふれさせたに違いない。このご教示がルイ十四世のお気に召したらしい。スカロン未亡人は館と爵位を得るために、王からまず十万リーブル、さらに追加の十万リーブルを与えられた。当時、館と爵位はセットだったので、夫人はマントノン城をねぎって十五万リーブルで買い、侯爵夫人の肩書きを手に入れると、残りの金は懐にしまいこんだ。

マントノン夫人となったフランソワーズは、王の話のよい聞き役だったことはよく知られている。夫人は根気よく王の話に耳を傾けた。ついでにその機会を利用して、女性の地位向上を訴えている。夫人のおかげで、お針子の女性たちは同業者組合を組織できるようになった（これ以前は、女性の衣服を仕立てるのは男性の仕事としてしか許されていなかった）。そしてのちに、夫人は貧しい貴族の娘を預かり、教育をするために、サン・シールに王立サン・ルイ学院を設立する。マントノン夫人の説く神の教えは、王からの厚い信頼をかち得た。王が天にも昇る心地と快楽について語るとき、彼女は地獄と永遠の責苦について王に解き明かすのだった。

そうして何年かが過ぎ、晩年を迎えたルイ十四世は、彼女の教えによってすっかり信心深くなっていた。ルイ十四世が最後に愛した女性は、まさに悔悛の人だった。ついには宮殿の規模を広げて、ヴェルサイユ宮殿に礼拝堂を新たに造ることになった。端麗な王立大礼拝堂の建築は、ルイ十四世の主席建築家マンサールによって開始され、一七一〇年、ロベルト・コットが完成させている。

王はマントノン夫人をほめちぎり、熱心に聖体拝領を受けに行き、最後の審判を待つ人のように頻繁に告解に通った。この告解で王から罪の告白を聞いていたのが、聴罪司祭であるラ・シェーズ神父だった。このラ・シェーズ神父が、マントノン夫人の本当の顔を明かす興味深いエピソードが残されている。マントノン夫人が敬虔な信仰家になったのはいい年になってからのはずで、しかも歴代の国王のなかの最高の女たらし（ルイ十五世の登場はこの後のこと）と結婚したというのに、まだ若い頃覚えた官能の喜びが忘れられずにいた。あのルイ十四世といえども夫人を満足させることはできなかったようだ。

だいたい、すでに老境に入っているルイ十四世に、女性を満足させるはつらつとした魅力などあるはずもない。歯はぐらつき、顔の皮膚はたれさがり、体臭のきつい嫌悪を催させるような老人で、夫のスカロンと似たようなものだったのだ。ルイ十四世は気を使ったのかどうか、夫人に魅力的な肉体を持つ若い下僕を与えたのだが、そのなかにひとり、肩幅が広く、謙虚なくせにそそられるようなまなざしを持った下僕がいた。その下僕を、夫人は大胆にも自分の愛人にした。あるとき、下僕が通ってこないことにじれた夫人は、その下僕に強烈な恋文を書き送った。

戻ってきてちょうだい。国王のそばに、わたくしだけ置きざりになどしないで。王のことはお前の十分の一も愛していやしないのですから。お前を思って、わたくしが病に倒れ、死んでしまうのがいやなら、夜、まっすぐに部屋にきて。お前がはいれるよう、ドアの鍵は開けさせておくから。［*LouisXIV, le bon plaisir du roi*, Michel de Decker, Belfond］

なんと危ない手紙か！　これは下僕のところには届かず……ラ・シェーズ神父の手に握られた！　他人の罪の告白を聞くのが仕事の神父は、口がかたいので誰にきかれても何も言わなかった。そのかわり、神父はその手紙のもっとうまい利用法を心得ていた。美しい侯爵夫人は、手紙は下僕が手にしたものと思っている。夜中に夫人の部屋のドアを叩く者がいれば……。

マントノン夫人とて、さすがに不義密通をそう堂々とはできない。ロウソクをふき消し、暗闇のなかでドアを開いた。下僕のふりをしていた神父は、しばらくはうまくやった。だが、神の呪いか、はたまた裁きか、神父はせきこんだ。ばれた！　はずなのだが、不思議なことに、神父は夜明けまで夫人の部屋から出てこなかった。信心深い夫人にとっては、信仰と肉体が無上の喜びのうちにひとつになった、神の奇跡のような一夜だったのだ。

これが、ルイ十四世が妻にと選んだ女性の姿だ。宮廷で、のちにはパリでも、太陽王とスカロン未亡人の結婚はずいぶんと揶揄され、皮肉のきいた戯れ歌で歌われている。

せむし男は何と言う
寝とられたことを知ったなら
この世で一番偉大な王に
レール　ラ　レール　ランレール
レール　ラ　レール　ランラン

うぬぼれ男は言うだろう
取って取って取りまくり
最後に取ったはこの世の屑物
レール　ラ　レール……

私はマントノン夫人に好意を感じることができない。若い頃にさんざん遊んでおいて、年をとって上品ぶり、自分の娘を自由にさせない身勝手な母親たちのようだからだ。放っておいたら将来どうなるか、「経験のある私にはよくわかる」とそういう母親たちは言うのだ。それにそもそも、絢爛豪華なバロック風のヴェルサイユをすっかり様変わりさせてしまったマントノン夫人を、私は恨めしく思っているのだ。まだできあがったばかりだった、人々を魅了してやまない華麗な饗宴の場を、信心家ぶった年寄りしか住まないさびれた養老院にしてしまったのは、彼女だ。

彼女がヴェルサイユに君臨した間、宮殿は幽霊屋敷のようになった。舞踏会は禁じられ、オペラの上演は締め出され、演劇は書きかえられ、「ミサに熱心でない」王家の娘たちは叱責された。ヴェルサイユは陰気で退屈なところになって見放され、見る影もなく荒れ果て、そして間もなく王も死んだ。宮廷貴族はもう宮殿には寄りつかなくなった。

マントノン夫人は宮殿を離れ、サン・シールの修道院に隠棲して、敬虔な信仰のなかで余生をまっとうした。人生の最後だけは偽善者ではなかったようである。

第10章　迷宮のような私的空間

ヴェルサイユ宮殿にはふたつの空間がある。式典のための広間や「鏡の間」のような絢爛豪華な外向きの空間と、もうひとつ、実際には誰も知らない、迷宮のような私的な空間だ。私は庭師として、ヴェルサイユ宮殿には隠された秘密の世界があると信じており、だからこそここを愛している。

私は宮殿に入る鍵を手にする機会に恵まれた。それはずっしりと重い、大きな長い鍵で、当時のものではないが、いかにもそれらしい。この鍵が開けるのは、公開されていながらその大部分がほとんど知られていない、奥御座所《プチ・アパルトマン》の秘密の小部屋や控えの間から成る、ヴェルサイユ宮殿の知られざる世界だ。それが実際に存在することは、宮殿の平面図を見ればわかる。だが、どこに何があるかを平面図から読みとるのはひどく難しい。それは宮殿自体がひとつの大きなハチの巣構造になっているからだ。ヴェルサイユ宮殿という大きな外枠のなかにびっしりと部屋が並べられ、大きな部屋にはどれもいくつかの小部屋が造りつけられている。多くの部屋にははっきりとした役割がある。「マリー・アントワネットの寝室」であるとか、「ルイ十五世の湯殿」であるとか。だが、そのほかに別の目的のために設けられたとしか思えない部屋がある。それこそが、人目をさけ、ひとりになるための、王や王妃、そして寵姫の私的な空間である。

王と宮廷に集う貴族は、宮廷儀礼を延々と演じて一日を過ごす。表御座所《グラン・ダパルトマン》を劇場の舞台にたとえると、奥御座所は楽屋にあたる。表御座所の「王妃の寝室」と呼ばれている部屋をのぞいてみよう。玉房飾りと豪華な布で、金ぴかに飾られている。この部屋は、ルイ十四世の王妃のマリー＝テレーズからルイ十六世の王妃マリー・アントワネットまで、すべての王妃が公務をとった部屋だ。彼女たちが衆人環視のもとで出産をしたのも、この部屋だ（十九人の「フランスの子供たち」がここで生まれている）。

王妃は朝からここで化粧をし、着替えをする「小起床の儀」で一日を始める。部屋の高い壁には、さまざまな装飾が施され、圧倒されるようだ。大部分はルイ十五世のときに改装されているが、部屋の主である歴代の王妃が自分の好みで装飾をどんどん加えている。その結果、こっちには天使がいるかと思うと、あっちにはモールディングの豪華な縁飾り、水晶の飾り玉もあれば金の手すりもあり、統一性がなく装飾過多になっている。

実はこれが私室とは違うところだ。ベッドは、天蓋を支える金で塗られた柱がすでに崩れかかり、豪華な刺繍がほどこされた天蓋からシダレヤナギのように金糸の布が垂れ下がっている。要するに、ここは、宝物をぎゅうぎゅうつめこんだ宝石箱のようなものだ。だが、ここには重要なピースが欠けている。どれほど豪華でも、人のぬくもりがない。私がもしこんな部屋で寝たら、うなされそうな気がする。マリー・アントワネットだって、多分そうだっただろう。

だが幸い彼女は、この部屋で眠ったことがない。

実際、どの王妃もこの装飾過多の部屋で夜を過ごしたりはしていない。観光客はきらびやかさに目をとられて気付かないだろうが、ベッドの左側に小さなドアがある。壁と同じ彩色で見つけにくいが、このドアを開けると、小部屋が続く空間に入ることができる。その先に、この空間を利用した最後の王妃、マリー・アントワネットの私室がある。ルイ十五世の王妃マリー・レグザンスカも利用した。ヴェルサイユにごくわずかしか暮らすことのなかったルイ十四世の最初の妃のマリー＝テレーズが使ったのは、小礼拝室と私室だけだったと言われている。これらの部屋は、マリー・アントワネットの頃そのままの姿に復元されていて、見学に来た人たちはなおさら熱く胸を震わすようだ。

「金色の小部屋」と呼ばれるマリー・アントワネットの私的な執務室は、王妃の御座所で一番大きな部屋だ。室内の装飾にさりげなく禅の思想が取りいれられているのが感じられる。過剰な金のラインはもちろんのこと、「王妃の寝室」にあったような鶏の飾りも天使も、裸体像もここにはない。高くて真っ白な壁と装飾のない天井には、ところどころツタの模様が描かれているだけだ。ここが王妃のプライベートな世界なのだ。

その日常を垣間見せてくれるのは家具である。椅子が置かれているが、友人のためのものだから数は多くない。座り心地はよさそうだ。女同士の楽しいおしゃべりの間にも、公務の時間を忘れないように、振り子時計が据えつけてある。寒くないように暖炉に火を入れ、友人が訪れるのを待つ間はハープを奏でてくつろぐのだ。テーブルでは、トランプをしたり、紅茶やショコラを飲んだりしていたかもしれない。マリー・アントワネットの気まぐれでやさしい個性を感じる部屋だ。この部屋で、彼女はお抱えデザイナーのローズ・ベルタンや、音楽教師のグレトリに会った。そして、お気に入りの画家、ヴィジェ・ルブランが訪れたのもこの部屋だ。ふたりは向かい合せに座っていたのだろうか、それとも「おしゃべりの場所」と呼んでいた長椅子に並んでいただろうか……。

ふたりは内緒話をしている。王妃はポーズをとりながら、自分の話をもっと聞いてもらいたくて、わざといろいろ質問をする。おなかの大きいルブラン夫人を気遣ってアドバイスし、ついでに二年前に娘を出産したときの話を持ち出す。そして「もうあんまり出歩かないほうがよろしくてよ」と言いながら、「でももちろん、ここに来るのは構わないのよ」と言う。秘密を聞いてほしくなった王妃は、自分も妊娠したかもしれないとか、舞踏会で出会って夢中になってしまったスウェーデンの青年伯爵がもうすぐ戦地から戻ってくると言って、「いらしてくださいとお誘いしたほうがいいのかしら、それとも、はしたないからお見えになるのをお待ちしているほうがいいのかしら」と聞く。王妃の話を聞きながら、ルブラン夫人は血のように赤い色の絵の具がついた筆を紙の上に走らせ、黙ったまま、友人であり王妃でもあるこの女性の無邪気さとさびしさを筆の先にとらえ、そのすべてを理解して包み込み、やさしく愛情のこもった絵に仕上げていく……。

でも、私には、この部屋よりもっと気に入っている部屋がある。「昼寝の間」だ。ルイ十六世が出産後の妻のために、午後のひととき体を休められるようにと造らせた部屋で、青を基調にした地味な部屋だが落ち着きがある。ベッドはなく、長椅子が一脚置いてあるだけの小さな部屋なので、下女の部屋のようにも見える。だが、王は願ったのだ。ここで王妃が、妻が、わが子らの母親が、ひとりになってくつろげるように、と。マリー・アントワネットはこの部屋では、夫から愛されている、ひとりの若い女性でしかなかった。

自分の私的な空間に強いこだわりを持っていた彼女は、奥御座所に出入りする者を管理するための規則を入口に貼りださせた。

◉王妃の部屋の見張り番の決まり

王妃の御座所の見張り番は、勅許入室許可状［上侍医頭、常勤医師、外科医、四人の居殿事務官、書記、ご進講係、式部職長官、納戸職筆頭侍官ほか、王や王妃に謁見を許された貴族に与えられた入室許可状］を持たず、面識もない、いかなる司祭、修道士も通してはならない。勅許入室許可状を有する場合も、火急の指示のない限り「大食卓の間」への入室は禁じる。

顔色の悪い者、ないしは顔に新たな発疹の見られる者は、面識の有無によらず、通してはならない。

居室内に、直系血族である王子、王女たち王族の轎《かご》以外は、通してはならない。

従僕はいかなる男性も入室を禁じる。ただし、直系血族の王子と王女、王妃付きの騎士、王妃付きの女官と衣装係、王妃の宮廷司祭の従僕に限り、控えの間までの入室を許可する。

下僕については、枢機卿ないし大臣につき一名のみの入室を許可する。

ルイ十六世と妃のマリー・アントワネットの夫婦関係については、さまざまに取りざたされている。ルイ十六世は、ぱっとしないのろま、地味、ぜったい愛人にしたくないタイプ、結婚式の翌日にはもう一緒にいるのが嫌になるような人、若くても老けている、夫として慕う気にはさらさらなれない男性、などと言われ、片やマリー・アントワネットは、若々しいが軽薄で、多くの王族の子女たち同様、移り気で淫乱な女性と言われている。

だが、こう表現してしまうと、ルイ十六世とマリー・アントワネットについて、大きな誤りを犯すことになる。確かにふたりの間には恋愛感情はなかったろう。だが、ふたりはわかりあっていた。ルイ十六世は、わが妻は母親になったものの色気を失わず、さびしがりやのくせに縛られることが嫌いな、若い娘のような女性だと理解していたのだ。この部屋がその証拠だ。華奢で繊細なラインを持ち、汚れのない雰囲気に包まれているではないか。ここはフランス王妃の部屋というより、王女の部屋のようだ。

私がマリー・アントワネットとフェルセン侯の逢瀬を思い浮かべるのは、庭ではなくこの部屋だ。マリー・アントワネットは、人気《ひとけ》のないこの部屋で胸を高鳴らせながら、愛しい伯爵、のちのフェルセン元帥の足音が聞こえてきはしないかと耳をそばだてていた。やがて訪れた彼は、部屋の色彩に似た青色の服を着ているのだ。部屋にはふたりのためのベッドはなく、長椅子が一脚あるだけで、愛しあうには不向きだ。ふたりは長椅子に腰かける。フェルセンが旅の話を始めた。「あなたのお国、オーストリアに行ってまいりました」と。アントワネットは故郷を懐かしむ。

　ふたりの頭から分別が消え去り、会話がとまる。彼の手はアントワネットの頬に触れ、髪をなで、腕にさわる。それをたしなめる風を見せながら、アントワネットはフェルセンのなすがままになる。多分、彼女がフェルセンの手を導いたのかもしれない。恋するふたりは、この奥まった部屋で服を脱ぎ、まさぐりあう。ふたりにはわかっていた。またしばらくは会えないことが。そして、愛しあうにはとても不便なこの部屋のドアが、ふたりの熱い吐息を外にもらすことがないことも……。

　この奥御座所くらい、王や王妃たちの日常を雄弁に語るものはない。彼らは実際にはここで人間らしく暮らし、ここを愛したのだ。「狩猟からの帰還の食堂」を見ると、のちに乱交パーティーまがいのどんちゃん騒ぎばかりとがめられるルイ十五世が、繊細で洗練された男性だったことがわかる。どっしりとした豪壮で優美な部屋には、山野を背景に描かれた歴代の王の小さな肖像画がかけられている。高い天井から下がったシャンデリアが、肖像画がかかった金の装飾のある白い壁に軽やかな光を投げかける。この雰囲気では、確かに恋のまねごとをしてはしゃいでみたくなるが、下品で卑猥にはならない。

「ルイ十六世の遊戯の間」には、バックギャモンに興じただろうテーブルや、ビリヤードの台が置かれている。ここで王は夜のひととき、さびしさをまぎらわせたのだろう。高い壁で囲まれた小ぢんまりした部屋は意外に現代的な雰囲気で、ルイ十六世は国王ではあったが、なるほど、ぬるいコーヒーと快適さを愛する小市民的男性だったのかもしれない。

この奥御座所を、ルイ十四世はほとんど利用していない。せいぜい訪問者に見せびらかすためにコレクションしためずらしい品々をしまいにくる程度だった。残念なことに、収集品も残っていない。絵画はわずかに現存する。そのなかの一枚が「モナリザ」だ。他人に自分を魅惑の対象として見せつけることしか考えていなかったルイ十四世の心の奥に、この、母親のようなほほ笑みを浮かべたひとりの女性がいたのだ。数人の芸術家や学者だけが、王の心の深いところにしまわれていたこの芸術作品と、女性のほほ笑みに感嘆の声を上げることができたのである。

だがルイ十五世は、ここが自分のものになったとたん、この部屋を寝室に変えてしまった。前から使っていた寝室は不便だったのだ。官能的なものが好きなルイ十五世は肌触りのよいものを好んだ。だからベッドには最高に柔らかなシーツがかけられ、クッションも一番やわらかいものが選ばれた。ちなみに、そのベッドは家族全員が一緒に寝られるくらいの大きさで、美女を何人もはべらせることができ、天蓋もかなり高く造りつけてあるので、激しいアクロバットをしても問題なかったはずだ。部屋中に張られた分厚い布が騒音をとじこめ、外からの視線を遮ることができるよう、巧みな配慮がされている。「ルイ十五世の寝室」は、セックスを楽しむための閨室《アルコーヴ》なのだ。

その証拠と思えるものが、寝室のすぐそばの私的な執務室にある机だ。机には仕掛けがあって、鍵を九十度回すだけで、一気にすべての引き出しの開け閉めができる。そして、何枚かの羽目板が上から下りてきて机をすっぽり隠してしまうのだ。王は机の下に女性を隠そうとしたのだろう。もっとも、誰にも見られずに秘密の手紙を書くため想像力を駆使した結果、こういうものを作ったとも言えるが。ともかく、部屋という部屋にはカーテンが引かれている。ルイ十五世はなんでも隠したがった。本人のいなくなった今、それを物語るのは部屋の内部だ。

ルイ十五世はさまざまなことをやりたがったが、一番大っぴらにしていたのが体の手入れで、いくつも浴室を造らせた。七番目の浴室が実にすばらしい。壁には何人もの裸の若い女性、ではなく、なまめかしい姿のニンフが木材に彫りこまれ、大きな鏡……そしてふたつの浴槽がある！　すでに入浴は体を清潔に保つという衛生観念が広まりはじめていたので、浴槽をふたつ置いたのは、王が洗い流しにきれいな湯を使うためというのは確かかもしれない。だが、あえて言うなら、ニンフのような美女たちと一緒に入るためだった、と私は思う。

ルイ十五世は、四段階にわけ、「鹿の園」の周りと屋根裏にあるたくさんの小部屋を改装させている。そこは風変わりな構造で、宮廷貴族たちが入ってこられないようにしたとしか思えない迷路状になっている。また、女性を道に迷わせ、後を追い、スカートをめくったり、陰に隠したりするのにちょうどいい隅がたくさんあるのだ。入り込んだら最後、自分がどこにいるのか、すぐにわからなくなってしまいそうなこの場所は、秘密が好きで、回りくどいことをし、好色で気ままな王のイメージそのものだ。

現在、部屋には何も置かれていない。だが、どの廊下にも、どのドアのかたすみにも、貞操の危機におびえる若い娘たちの叫び声がこだまし、愛しあう喜びのわななきが潜んでいるような気がする。幾重にも折れ曲がって続く廊下は、エロティックに体を震わす女性のプリーツスカートのようで、ここに来ると、いやでも情事について考えてしまう。あなたの愛する人を連れてここを訪れ、一度ぐらいはふたりで道に迷ってみることをお勧めする。

ここの広い階段の先にある明るい小部屋の連なりに、ルイ十五世は愛するデュ・バリー夫人を住まわせていた。ルイ十五世が女性と戯れたその場所で、孫のルイ十六世は大工仕事をした。実際、ルイ十五世の死によってデュ・バリー夫人は追放され、ルイ十六世はこの奥御座所の一部を侍従長のティエリー・ド・ヴィル・ダヴレーに与え、残りの部屋をさまざまなアトリエに改装している。ルイ十五世が女性を愛撫した同じ場所で、ルイ十六世は木片をいじりまわす木工細工に励み、祖父がたくさんの侍女たちに快楽への扉を開いてやったその場所を、孫は錠前作りの作業場にした……。それぞれのやり方ではあるが、共通するのはどちらも肉体労働をしたということだ。

王たちは自分の思い描いた通りの世界を造る方法を持っていた。奥御座所は、王という職業による威厳ある存在とはかけ離れた、私人としての王の個性を反映する。ここは宮廷に君臨する王たちのための場所なのだ。ここに来れば、王は常に王でいなければならない宮廷儀礼から逃れられた。そして同じように、気の張る儀礼に追われる貴族たちにも、一足飛びに愛を交わす場に逃げ込める場所がある。

「鏡の間」を見てみることにしよう。美しく壮麗だが、キスをしたくなったり戯れたくなったりしても、見渡す限りどこにも隠れる場所はない。数多くの舞踏会や式典が行われたこの大廊下は、そういうことには向いていない。と、思うだろう。だが、宮廷貴族たちは知っていたはずだ。廊下の両端には目立たない小さなドアがあり、それはいくつもの閨房に通じているのだ。ドアの前には従僕が見張りに立つ。奥は薄暗く、愛の営みのための場所としか思えない雰囲気をかもし出し、男女が一夜静かに結ばれるために、あるいはすぐに帰らなければならなくても、すでに満たされたことのある欲望であっても、その夜再び新たな喜びを求めに、このドアを開く。その小部屋の存在に気付いていない人や、番人を買収する術を知らない人、あるいは単にもっと広々としたところを好む人には、庭のボスケが役に立ったことだろう。

私がまだ若くて、離婚して独り者だった頃、付き合っていた彼女たちと悪ふざけをしたくなると、休館日の月曜にときどきここにやってきたのだが、今でも状況はルイ十四世やルイ十五世の時代とほとんど変わらない。ほどよく暗いところがよい。その気になった現代のカップルは携帯電話で周囲を照らしながら入ってくるのだが、私はマッチを使った。王や王妃の時代はロウソクだった。小部屋の前を通ると、彼らの声が響いてくる。廊下は並んで歩けないくらい狭いが、これはモンテスパン夫人が望んだらしい。当時、ドレスのスカートはかご型のペチコートで膨らんでいたので、なおのこと女性がひとり通るのがやっとだっただろう。油の匂いのなかに歓喜の叫びがあがり、やがて静まりかえる。

螺旋階段を下りるときには、エチケットには反するが黙って手を握る。もちろん女性がつまずかないためにだ。彼女の手は、いつからなのか、怯えと、すでに胸にこみあげる後悔で汗ばんでいる。手を取られている侍女は思っているのだ。こんな暗いところに男性とふたりでいるなんて、すっかりはめられてしまったわ、と。しかし、彼女はここに入り込むときに、相手に身を任せることを暗黙のうちに了解していたのだから、その身に何かが起きたとしても目を泣き腫らすしかない。

一方、男性にとっては選択の時だ。どう猛な男となって、彼女が「私を放さないで」と言うまでもっと奥の暗がりに連れこむか、それとも左のわき道へそれて、ひんやりとした長椅子しかない部屋に入って今すぐ倒れこむか……。この暗がりをうまく活用できるかどうかは男性しだいだ。

第11章　最愛王ルイ十五世

ルイ十四世の死により、ヴェルサイユ宮殿はさびれてしまった。オルレアン公フィリップによる摂政政治で政治の中心はパリに移り、宮廷貴族は、マントノン夫人の宗教くさい締めつけから解き放たれてはしゃぎ回った。ル・ノートル渾身のヴェルサイユの幾何学庭園には雑草が茂り、きれいに刈り込まれていたツゲも伸び放題になった。泉水の水は凍りつき、大運河《グランカナル》のゴンドラも打ち捨てられたまま、藻に覆われた運河の入口で波に揺れていた。「鏡の間」を風が吹き抜ける。宮殿は眠りこんでしまったように押し黙り、ついこのあいだまで饗宴や王の死を嘆く貴族たちの声で満ちあふれていた庭も、急にしんと静まりかえってしまった。

摂政オルレアン公は、ルイ十五世に自ら政治を教えた人物と言われているが、ルイ十五世の領地を維持する費用に充てられていた銀行貸し付けを停止してしまった。ルイ十五世は、このときわずか五歳。それまでサンジェルマンのマルリー宮やヴェルサイユ宮殿やトリアノン宮殿には、大勢の近衛兵と庭師が配属されていたのに、摂政は、ヴェルサイユ宮殿の門番としてスイス人傭兵六人と庭師十二人にまで人員は削減された。運河の水夫は全員「用無し」として解雇された。眠った城を見張るのは、総勢でも二十人足らず。

ということは、単に警備兵にとってだけでなく、その当時の誰にとっても、少しばかりよい時を過ごす、めったにないチャンスになった。なにしろ十五年もの間、ひたすら信仰、信仰と言うマントノン夫人のせいで貴族たちは欲求不満をためこんでいた。そこに遊び人の摂政が現れたのだから、気分はなおさら開放的になった。

宮廷貴族はもうヴェルサイユが嫌になっていた。マントノン夫人が君臨したこの地は、ここ何年もの間、真面目一方という許し難い罪を犯し、貴族たちはすっかりうんざりしてしまった。摂政が政治の実権を握って以降、貴族たちは好き勝手に楽しみ、ヴェルサイユの悪口を摂政に聞かせた。それでも、王や王妃や寵姫が暮らしたヴェルサイユは、普通なら一般庶民には立ち入ることのできない、リュリの歌劇の『魔法の島の歓楽』のように神秘的なところのはずだった。それがいまや、八千ヘクタールの庭園に人影はなく、数人のスイス兵が守っているだけ。入ろうと思えば警備の目を盗むのは簡単で、金を握らせれば気付かないふりもしてくれるのだ。

貴族の称号をもたない庶民にとっては、この場所を利用してちょっとかわいい娘を誘惑するチャンスだった。娘たちは、ヴェルサイユという魔法の島に魅せられ、自分が王妃や寵姫にでもなったかのように一夜の情熱にうっとりと身をまかす。私は、城と庭園が閉まっているときに、現代の男性がまさに同じことを実行しているのを何度も見た。私自身、離婚後の何年かの間に、忘れ難い月曜日（宮殿の休館日）を幾日か過ごしている。だから、貴族たちが去って再び新たな王が戻ってくるまでの間、ヴェルサイユ宮殿で何があったか、簡単に想像がつく。

彼女を「舞踏場のボスケ」でダンスをしようと誘い、メロディーを口ずさみながらリズムに合わせてうまいこと抱きしめ、向こうから自然に身を委ねてくるまで待つ。まず、「今日は誰もいないんだね」と言って笑わせ、次にいかにも宮殿でダンスをしているという演出をし、しっかりと腰に手をまわしてメヌエットを踊り、ラストに「マルキーズ（侯爵夫人）・チョコレート」を放り投げ、彼女をまた笑わせる。でも、もう彼女はわかっている。ロマンチックな気分だから、庭園の奥へ行って小舟に乗ろうと彼が言いだすということを。彼は一生懸命ボートを漕いだ後、運河の真ん中でゆらゆら波まかせに揺られながら、川の風の寒さのせいで震えている彼女の肩を引きよせるのだ。そうしてキスをし、魔法の宵の姫君の首筋と腕を、自分の熱い手であたためる……。ほのぼのとした理想的シチュエーションだ！

ヴェルサイユ宮殿はフランス最大の王によって命を吹き込まれ、いまだにその温もりを残している。ルイ十四世ただひとりの力によって。ここでいい時間を過ごした後はみな、こんなことは二度と繰り返さないと心に誓う。でも、何日か後にはまたやってくる。前にもましていそいそと、今度は別の女性を連れて……。

貴族たちからそっぽを向かれたこの時期、ヴェルサイユ宮殿では歴史的な出来事も公式の行事も何もなかった。だが、私はその頃のヴェルサイユに好感を持ち、そこで暮らしてみたかったと思っている。一九九九年の大嵐のとき、まったく人のいないヴェルサイユ宮殿を一度だけ見たことがある。あのときのように、ルイ十四世の治世の後、ヴェルサイユはさびれて醜くなり、宮殿は孤立したというのに、輝いていたのだ。願わくば小径には小鳥のさえずりとボスケのなかで抱きあうカップルのささやき声しか聞こえない、静かなヴェルサイユ宮殿を体験したかったものだ。

　この庭に出入りしたことは誰もが秘密にしたはずなのに、いつのまにか、ヴェルサイユの庭と城はセックスのパラダイスだという噂が広まりだした。それでも最初は、キノコ狩りの名人だけがキノコの生えている場所を知っているような感じで、頻繁な利用者だけが「手ごろな片隅」を知っている程度だったから、ヴェルサイユはまだまだ静けさを保っていた。ところが一七二二年、ルイ十五世が幼い婚約者であるスペインの王女マリアナ・ヴィクトリア一行を伴って宮殿に帰ってきたとたんに、庶民たちのパラダイスは終わった。

　ルイ十五世はこのとき十二歳。侍医が伝えているところによれば、一年前からすでに日常的に立派に勃起をするようになっていたそうだ。だが、ヴィラール元帥が「心配すべき点は少しも改善されず、少年王の瞳にはいかなる女性も映らない」と書き残したように、王はおそらく、遊び相手にと与えられた若いイロクォイ族［北アメリカ東部のインディアン。遊び相手として養育係のヴァンタドールが選んだという記録がある］の少年にしか目がいかなかったのだろう。一七一六年の夏の間、彼らはとても特殊なインディアンごっこをしている。

　ルイ十五世は、ときどき宮殿で長く過ごすことはあっても、完全に住んだわけではなかった。宮殿は不便で、広すぎて寒かったからだ。だが逆に、多くの宮廷貴族には、氷霧もすき間風も、さわぐ血を静めるのにちょうどいい刺激だっただろう。ルイ十五はヴェルサイユにいないことが多かったからだ。王の留守中、城には女性たちが残されている。王のいぬ間にネズミは踊る。

ヴェルサイユのネズミは自由人たちだった。この時代、「自由」はもう考え方のことだけでなく、肉体の自由、フリーセックスも意味していた。

時代が恋愛を要求し、セックスがよけいに謳歌される。人がせっせと働くのは、戦や狩りに行くためではなく、さっさと仕事を終えて、いい女と一緒に楽しく夜を過ごすためなのだ。パリでは、摂政が乱交パーティーを開いていた。

ルイ十四世の弟の妃で、宮廷の日常を書き残したパラティーヌ夫人がこんな面白いことを書いている。「息子とその愛人たちは、全員が堂々としたもので、優雅な恋愛作法《ギャラントリー》などみじんもない（……）息子は女性なら誰とでも寝る。でも、それはさほど難しいことではない。たくさん飲み、たくさん食べる女性であればいいのだ。息子は相手の女性の顔にはほとんど興味がないのだから」。

彼ら自由人は、何も臆することなく、なんでも楽しむ。旅行に出る夫は、出がけに妻に巨大なペニスの張り型をプレゼントする。妻には愛人がいるに違いないが、それでもさびしくなるかもしれないと言って。別の夫は妻に「同じ年のよその女性たちのように」盛んに男付き合いをするよう勧め、また別の夫は宮廷の召使やどこかの貴公子ほど派手でなくていいから、せめて好き者の隣人と付き合うよう注文をつける。放蕩が支配した時勢である。摂政は決して王にはなれなかったが、悲しみも俗悪さも包みこんだポルノの世界では帝王だった。執事のイバニェでさえ、名ばかりの「高級パーティー」のお伴でなかに入るのを嫌ったほど破廉恥だったのである。

ヴェルサイユ宮殿にも時代の空気はいやおうなく吹きこむ。長い間に警備の人員を削ってきたたせいで、庭園にはいかがわしい連中が集まり、卑猥な商売の場になっていた。ヴェルサイユの庭園は映画『ブローニュの森の貴婦人たち』に描かれた、ワゴン車に乗った売春婦とすれ違い、自由人たちがうろつくブローニュの森のような姿になった。ボスケには愛液の匂いが充満し、泉にあふれたは水だけではない。泉水の周りの芝生に人々が集まっているのは、なにもサイコロ遊びをしようというのではないのだ。貴婦人をひっかけるのに宮廷貴族である必要はまったくないから、貴婦人たちものけ者にされることはない。心の広いボランティアは歓迎されたのだった。

このボランティアのひとり、レス公爵夫人はこの庭園の常連だった。彼女は高い身分の称号にわざわざ新しい肩書きを足して、「おねだり婦人」と自分を呼ばせていた。ルイ十五世の養育係のヴィルロワ元帥の家族に名を連ねる女性だが、ずいぶんな思わせぶりだ。

実は「おねだり婦人」と言われた女性は別にいる。自分の美徳は淫乱なことだと声高に言ってのけた「すぐ寝るマリー」という結構なあだ名も持っていた行商人の女だ。マリーはレス公爵夫人同様とても美しく、それを利用し、また誰にでも利用させる術を心得ていた。このように、ヴェルサイユでは裸で庭園を散歩するおねだり侯爵夫人と出会うことができた。自分の茂みを隠すためのブドウの葉もマルグリットの花びらも付けず、強姦しろと言わんばかりだが、それが彼女の望みでもあった。

彼女はニンフと張り合って大理石の彫像の間でポーズをとる。たまに、生身のほうのニンフは異常に発情し、大声で助けを呼んでからボスケのなかのクマシデの生垣のベッドに行き、誰か「立派な貴公子」が助けに来て、彼女に自分の剣の威力を試してくれるのを待っていた。もちろん、色男がこぞって彼女の救出に駆けつければ、なお結構だ。数のうちには、まだうら若きルイ十五世もいて、彼と楽しんだこともあった。まだこうしたときにどう振る舞っていいのかよくわからなかった王は、夫人の激しさにおびえ、逃げ出したくなったかもしれない。だが、彼女は王を泉水のそばに監禁し、この世の原点である自分の姿を王の目の前にさらし、狂喜しながら「王の手を自分の秘所に導く」ことさえしただろう。

夫人の夫は憤慨した。彼は妻と悦楽の状況をともにしていたときに、妻に言いきかせようとした。「裸で歩きまわるのはやめなさい！」。すると彼女は言い返した。「わたくしの健康のためですのよ。それに、わたくしたち夫婦にとっても大切なことですわ。だって、少なくとも一日に八回はあたためてもらわないと、偏頭痛がおさまらなくて、眠れなくなっていらいらするんですもの」。夫はため息をついて妻の体に腕をはわせ、妻は体をひらき、ふたりはさらなる恍惚の世界を求め続ける。レス夫人の悪い遊びに終止符を打ったのは、枢機卿だった。淫らな公爵夫人は修道院へと送られた。

ルイ十五世はしだいに頻繁にヴェルサイユ宮殿に姿を見せるようになる。だが、庭での遊びを止める気配はない。いまや、女性をダンスに誘うのはむしろ王のほうだ。王はすこぶる若く、すこぶる美しい。そして、まだやんちゃだ。最初は子供っぽい悪ふざけもした。「若気の至り」でデトレ元帥の家に忍び込み、「火事だ！」と叫びながら四十歳になる女性の部屋に入っていったと、リュイーヌ公が語っている。時が経つうちに、王のそうした散歩はさらに大胆になり、間もなく摂政がしていたような乱交パーティーがヴェルサイユでも始まった。

王は朝の六時まで起きている。それから午後の四時まで眠り、目が覚めると友人と一緒に饗宴を楽しむ。その席には王を誘惑しようとする大勢の女性たちがいて、ルイ十五世は女性たちに誘われるまま、官能の喜びに身を任せた。王はいいかげんな性格そのままに、年がら年中あちこちに遊びの相手を作っていた。だが、相手選びに多少は家柄を重視したふしがある。いい例が、立派な家柄のマイイ＝ネール家の三姉妹、ルイズ・ジュリー（マイイ夫人）、ポーリーヌ・フェリシテ（ヴァンチミーユ夫人）、マリ・アンヌ（シャトールー公爵夫人）を、何か月かの間をおいてお相手として選んでいることである。

こうなると、宮廷貴族たちも再びヴェルサイユに集まるようになった。するとたちまち、スキャンダルがいくつも発覚した。一七二二年八月六日の夜、というよりむしろその翌日のスキャンダルは、なかなかに面白い。この日、パラティーヌ夫人が「とても書けないほどひどい」と述べたくらいの強烈な噂話で、宮殿が沸きかえったのだった。――王の食事仲間で、結婚して一年そこそこのM・ランブルが、アランクール侯爵と十七歳になるブッフレを庭に誘いだした。ブッフレは唇の色も鮮やかで、血色もよかった。庭の木々の美しさと麝香《じゃこう》の香りに酔ったランブルは、かわいらしいブッフレに色目を使って言い寄った。ブッフレがびっくりして身を引いたその機会をとらえて、アランクール侯爵がランブルに、「立派に緑の茂った木に触れてみてはいかがかな」と勧めた。ランブルは、侯爵はブッフレのことを言っているのだと思った。アランクール侯爵はすでに四十歳、当時としては老境にさしかかっていた。だが侯爵は、自分に触れろと言ったのだ。アランクールとランブルは喧嘩を始め、声をはりあげ、剣を抜いた。

そこに折よく、「悪徳の権化」という聞きなれない異名をとる第四の男が登場した。彼は、ある艶話を題材に、三人にレッスンをつけ、さらに体験学習もさせたのだった。見識が広まったことを喜ぶ三人が宮殿に戻るのは、もう少し後になるのだが、その頃宮殿では、彼らの姿が見えないのを気にしたルイ十五世に、事情通の貴族が「侯爵様がたは『一線を越えている』ところを、摂政様に捕まっておしまいになられたのでしょう」と答えていたのである。

すでにずいぶん世間慣れしていたルイ十五世は、この意味がわからないほど子供ではなかった。その結果、アランクールは東部のジョアニーへ、ブッフレは北部のピカルディーへとヴェルサイユから追放され、ランブレは投獄された。この話は、青年国王の裁きが、モラルの低下を危ぶんで取られたものなのか、それとも自分が仲間はずれにされた悔しさによるものなのかについては、明らかにしていない。私は、ルイ十五世がいつも崇高な精神に基づいて貴族たちに罰を与えたわけではないと思う。彼がたまに徳のある決定をし、聖職者たちを感心させる程度である。だからこのときも、この気まぐれな王は、単に彼らが自分に隠れて楽しそうなことをしたから三人を追放したのだ。

こんなふうに、ルイ十五世は立派なことなどほとんどしていないのにもかかわらず、立派なことしかしなかった王と思われた。王がどんなことを決めようが、人々はこの王を愛した。数年後の一七四四年に、メッツで行われたミサの最中に王が突然、病に倒れたことがあった。しばらくして回復の報が回ると、民衆はうれし泣きをしながら彼に「最愛王《ビャン・エメ》」の称号をささげた。この若き国王は、治世が変わったばかりの頃にありがちな、新しい世が始まったという国民のはじけるような期待感が「絶頂」に達したときの恩恵を一身に浴びた。

そのうえルイ十五世は、身分と威厳の他にも、美しさと若さを備えていた。人々は輝く髪にみとれ、ほっそりとしてしなやかな身のこなしの、きれいな目をした王をほめたたえた。この王には、はつらつとした美しさがあった。この王は、ルイ十四世の治世の終わりと摂政政治の間、権力と結びつかないよき時代を無邪気に過ごしたのである。

ルイ十四世の死に際して民衆や宮廷貴族が目にしたのは、五歳の、そしてすぐに王家の養子になった孤児のような子供のルイ十五世だった。ルイ十四世の治世の終わりの頃、王の一族は続けざまに亡くなっている。虚弱でありながらひとりだけ生存したルイ十五世は、ほとんど「奇跡の子」だったのだ。その子が成長した今、誰もが、この王が小さい頃どれほどかわいらしい子だったかを思い出す。

私は、のちのルイ十五世がどうであれ、幼い頃の彼は好きだ。何をしてもみんなが常に彼を許し、プレゼントを贈り、寛大な心で見守った。だが、前任者、特に摂政オルレアン公フィリップには、人々は少しも称賛の声を贈らなかった。摂政は少しでも国民に不満の残る決定をすると、とんでもない被害にあわされたと人から言われたのに対し、ルイ十五世は同じようなことをしても、間違いもあるさと許される。摂政が晩餐会をすれば女遊びと言われ、ルイ十五世の場合は立派な式典になる。一方はとんでもなく淫らなポルノの世界におぼれた人と思われ、他方はエロティシズムの美を追究した人とみなされる。ふたりの体に発疹が出ると、オルレアン公フィリップは梅毒だと非難され、ルイ十五世はアレルギーだと心配されるた。たとえそれが浮気であれ、乱交パーティーであれ、残忍な行為であったとしても、人々は若い王のすべてを許したのだ。しばらくの間は。

第12章　平民愛妾ポンパドゥール夫人

　ヴェルサイユ宮殿にはエロティシズムな交わりからポルノ系まで、恋愛であれつかの間の情事であれ、男女の逸話はたくさんあるが、ポンパドゥール夫人を迎えて、ここはおとぎ話の城になった。

　ジャンヌ＝アントワネット・ポワソン、のちのポンパドゥール夫人は、王に遅れること十年一七二一年十二月二十日に生まれた。軍隊の食糧支給係をしていたフランソワ・ポワソンとマドレーヌ・ド・ラ・モットという女性の娘で、母親のマドレーヌは「奇跡の美女」と言われるほど美しかった。そしてこの女性は、夫が前線に赴いている間、自らも女の戦場に赴くことを少しもためらわず、むしろ喜んで出かけていくようなお盛んな女性だった。果たして、彼女は夫の子か愛人の子か誰の子ともはっきりとはわからない、人形のように美しい女の子を産んだ。ジャンヌだ。

　ブロンドの髪と澄んだ瞳をしたかわいらしい少女は、作り笑いが上手で愛想がよかった。マドレーヌは初めて授かったこの娘を溺愛する。キスを浴びせてかわいがり、そこらじゅうにみせびらかした。「見てくださいませな、この子のかわいらしいこと！　私の娘ですの」。マドレーヌは娘に、リボンテープや蝶結びのリボンや、フリルやレースがついた流行の服を着せ、リボンをかけたプレゼントさながらに着飾らせた。彼女は娘を「かわいい女王様《レーネット》」と呼び、ベッドのなかでは愛人たちを前に、娘は「極上の肉体」だとも言った。これほどきれいな子はどこにもいない。ポワソン家は裕福な市民《ブルジョア》だったので、ジャンヌが望めば、どんなつまらない願いでも母親は駄目とは決して言わなかった。

　ジャンヌが生まれてからも、母親のマドレーヌはたくさんの愛人と付き合っている。愛人は彼女の肉体にとって大切なもので、娘は彼女の心にとってかけがえのない存在だった。ジャンヌは小さな鍵穴から母親と愛人たちの行為をのぞいていたに違いないが、問題はなかった。この娘は、母親にどんなにたくさんの愛人がいても、一番かわいがられているのは自分だとわかっていたからだ。愛された子という点ではルイ十五世と共通している。ジャンヌは一生、母親から愛人のように熱愛され続ける人形なのだ。年をとってからのポンパドゥール夫人の肖像画にも、私にはよく理解できない幼さのようなものが表れていて、かわいらしいが、あまりに子供っぽいその表情を、私は好きになれない。

　十三歳になる頃、胸が膨らみ始めると、マドレーヌの愛人のひとり（ジャンヌの父親だろうと言われている幸運な男）がジャンヌを修道院に入れた。あんなにかわいがってくれた母親と引き離され、プレゼントもなくなり、わがままも言えなくなった。ジャンヌはウルスラ修道会の寄宿生として、たくさんの少女と一緒に暮らした。

ジャンヌは物覚えがよかった。とても頭がよく、逆にそのせいですぐに退屈した。そして、暇になると、母親が自分を「私の女王様」と呼んでいたことを思い出したり、誰もがヨーロッパ一の美男の貴公子と言う国王のことを考えたりした。ジャンヌは王が結婚相手を探しているのを耳にしていた。スペインの王女マリアナ・ヴィクトリアが幼すぎて子を望めないので、ルイ十五世が彼女との婚約を解消したからだ。国王が新しい妃をみつけられるよう、数週間の間、舞踏会や宴会が催された。誰もがおとぎ話のなかにいるようだった。実際、ペローの『シンデレラ』はこの数年後に出版されている。

だが、ルイ十五世のお妃はなかなか決まらなかった。噂が駆け巡った。「あんなに美しい王の心をとらえるきれいな姫君なんて、いやしない」。宮廷中の女性が、国王の心をつかまなければと胸をときめかせていた。修道院にいるジャンヌは、スペインとの国境近くのフェザント島で、子供だったルイ十五世（彼は十二歳だった）がスペイン王女と婚約式をあげたときの姿を思い描いた。すると次第に王が再び式をあげ、新たな約束を誓う相手は自分なのだと思えてくるのだった。彼女は毎晩、祈りを済ませると歌を歌った。「いつか、私の王子様が迎えに来てくださるわ！」と。あるいは、歌詞は違っても、当時としては同じような意味の決まり文句を歌にした。

だが、王子様は来なかった。しかも、ジャンヌの王子様のルイ十五世は、別の外国人女性と結婚することになってしまったのだ。マリー・レグザンスカという、七歳も年上のポーランドの落ちぶれた貴族の娘だった。ルイ十五世が結婚してからというもの、ジャンヌは悲しみの涙に身をよじって泣きぬれた。しかしそうして泣いたのは、彼女ひとりではなかった。

だが、ほかのたくさんの女性と違っていたのは、ジャンヌは信じられないくらい自分に自信があったことだ。それは自分が美しいという自覚からくる自信であり、意志の強さであり、母親がずっと彼女に注いだ賛美と愛情のたまものだった。それと同時に、九歳の日に言われた、あるお告げによる自信でもあった。

たくさんの市が立って荷物や人を運ぶ船頭もたくさんいた一七三〇年代のパリ。ある薄暗い路地のすみの暗い軒下で、表向きはわら詰め職人をしているルボン夫人という女占い師の老女のところに、母親がジャンヌを連れていった。ルボン夫人は、ジャンヌのふっくらした手を見てひどく驚き、歯の抜けた口をぽかんとあけたまま、しばらくじっとジャンヌを見つめた。それからジャンヌの腕をつかんで、「このお嬢さんは、やがて国王の寵姫におなりです」と言ったのだ。

母親は舞いあがり、ジャンヌはすっかり取り乱してしまった。食い入るように自分を見つめた老婆の顔の醜さがこわかったわけではない。うれしくて感極まったのだ。母親からたくさんの教えを受けてきたジャンヌは、寵姫になるということは羨望の的になることだと確信していた。そのうえ、ラ・ヴァリエール嬢からモンテスパン夫人に至るまで、寵姫という立場は妻の座よりよさそうに思えたうえ、マントノン夫人以降、寵姫になるのに生まれの良さは少しも必要ではないこともわかっていた。のちに、本当にジャンヌが王の公妾になったとき、彼女はこの予言者の老婆に年金六百リーブルを与えている。

二十歳を迎えたジャンヌは、あまりに美しすぎるという理由で、修道院を出るとすぐに、徴税請負人のシャルル＝ギヨーム・ル・ノルマン・デティオールと結婚させられてしまった。母親の愛人の甥だ。だが、彼女はこの結婚によって、社会的な地位と十分な経済力を手に入れた。そのうえデティオールは妻にすっかりほれ込んでしまい、金色の長い髪ととらえどころのない魅惑的な瞳を持ち、優美に光り輝く妻を、社交界のサロンというサロンに連れていっては見せびらかした。ジャンヌは、そこで母親と再会した。同じ狙いを持ったふたりは、あの予言が一日でも早く現実になり、ジャンヌが王子様と出会うことができるよう計画を練った。

スカートをめくって太ももを見せることにかけては誰にも引けをとらない母親は、二十年にわたり男性の腕のなかで積んだ経験のすべてを娘に授けた。どうやって男性を喜ばせるか。すぐに忘れられないようにするにはどうするか。避妊からフェラチオまで、その驚くべきテクニックの数々と、さらには同性愛までも娘に教え込んだ。娘がずっと王を自分に惹きつけておきたいなら、娘はすべてを王に捧げなければならないと考えたのだ。ジャンヌは驚きながらも素直に覚え、実の母親によって男性の取り扱い方を仕込まれていった。

彼女は熱心な生徒で、母が小出しにする卑猥な話に無邪気に耳を傾け、夜になるとその理論を暗誦し、部屋でひとり、あるいは夫と一緒のベッドのなかで練習する。もっと高貴な場で実践することになるのを、内心、熱烈に待ちわびながら。その間、自由を楽しもうと言い寄ってくる男性は数多くいたが、ジャンヌは断った。心待ちにしているのは、ただひとつ、王からの誘惑でしかないからだ。

だが、妻の本心を知らない夫は大満足だった。妻は美しく、快活で機転がきき、歌もダンスも申し分ない。昼間は乙女のようでありながら、夜は大胆で奔放になり、そのうえ、自分に貞節を尽くしてくれる！　こんなことは当時としてはかなりめずらしいことだった。この時代、裕福な市民の妻でも、自分の館を改装し、大っぴらに愛人を泊めるための部屋を造ったものだが、それでも夫たちは目をつぶり、財布のひもを緩めるしかなかったのだ。

こうして、ジャンヌは王と出会うチャンスのないまま夫と暮らしていたが、夫がパリに出るときには、必ず一緒についていった。夫はますます彼女をほめちぎった。妻は彼が夢にも思わないようなことをしてくれるだけでなく、なんでも従い、そのうえ献身的に常にそばにいようとしてくれる。夫は、ジャンヌが一七四一年に産んで、母親にしてもらったように自分もかわいがって育てている、娘のアレクサンドリーヌから解放されるためだとしか思わなかった。ふたりがよく行くサロンで、たまたまヴェルサイユ宮殿の話が出たりすると、ジャンヌは頬を上気させて話に加わり、いろいろ質問して慎みを忘れてしまう。しかし夫はそんな彼女を見て楽しみ、以前母親がそうだったように、愛する妻に「ノン」と言えなくなってしまうのだ。とう、彼はジャンヌに、ヴェルサイユ宮殿の庭園に連れていってやろうと約束してしまった。

庭園に入るには、剣を身につけていなければならないのだが、銀行家のデティオールは剣を持っていない。そこで友達に金を払って譲ってもらい、妻を昼下がりのヴェルサイユ宮殿に連れていき、庭園の一、二か所を見せてやった。ジャンヌは蝶のようにあちこち飛びまわり、あたりに目を配った。しかし、王を待ち伏せして視線を投げるには大変な苦労が必要であり、だいいち彼女は、流し目をする何人かの野次馬を国王だと勘違いしたりもした。王は姿を見せなかった。

やがて夫のほうを振りかえったジャンヌは、「お願いよ、こんなきれいな花は見たことがないんですもの」と言って、またヴェルサイユに連れてきてほしいと夫に頼んだ。夫はやさしいほほ笑みを浮かべ、もちろんだとうなずきはしたが、片づけなければならない仕事があるからすぐには無理だと彼女に言った。彼女は縁日にまた行きたいとせがむ子供のように、すぐにとは言わないまでも、行きたい、行きたいを繰り返す。毎日、抱擁の後で彼女は夫に聞いた。「ねえ、いつ行くの？」

エティオールは腰が重かった。とうとう業を煮やした彼女は、後から来て、と言って、ひとりでヴェルサイユに向かってしまった。そして、パリにほど近いセナールの森までやってくると、狩りに熱中しているはずの最愛の男性を探そうとした。ジャンヌは一番美しい衣装に着替えた。日中の時間にしては多少派手すぎる格好だったが、これほど美貌の女性は宮廷でもみつからないくらいに美しい姿だった。

森に来るまでの間、どうやったら王の注意を引きつけることができるか、ジャンヌは何通りものシナリオを考えた。落馬、追いはぎ、迷子……どれもふさわしいとは思えない。結局、森に着くまで、彼女には何もうまい手が思いつかなかった。ひづめの音と猟犬の鳴き声が聞こえ、鹿がすぐそばを通り過ぎるのが見えた。ジャンヌは、何もできずに、道の真ん中に突っ立っているだけだった。「肉好き」の王は、獲物はガゼルよりも鹿のほうが好みなので、鹿を夢中で追っていて、ジャンヌには目もくれず走り去った。振り向きもしなかったのだ。すっかりしょげてしまったジャンヌは、家に帰るとドレスを投げ捨て、帽子と蝶結びのリボンを暖炉に投げこみ、庭で泣きくずれた。

おとぎ話のように、彼女の涙が石を感動させたのだろうか。石の妖精の代わりに現れたのは、代母のクロディーヌ・アレクサンドリーヌ・ゲラン・ド・タンサンだった。タンサンは六十歳で、かなり太めの女性だが、頭が回り、如才ない。でも、胸元からはみだしているハンカチを取りだして彼女に渡してやるような気がきくタイプではなく、王太子の婚約を祝う仮装舞踏会がヴェルサイユであると、泣いている彼女に告げた。ジャンヌはさらに激しく泣きだした。「王様と二度もすれ違ったのに、見向きもされませんでした。わたくしは仮装をしなければならないほど醜いのでございましょうか？」

タンサン夫人は、古くから歌われてきた「泣かないで、ジャネット」の替え歌の「ラ・ペルネット」を歌い、ジャンヌを慰めようとした。そして、ルイ十五世は、秘密の遊びが好きな王で仮装が大好きだし、仮装衣装はどんなドレスよりも美しさをひきたてるのだとジャンヌに言った。たとえば、羊飼いの娘にでもなってみせたらかみつかれるかもしれない、と。夫人は、ルイ十五世は公務に忙しいから、王がただの男として楽しむ機会は仮面舞踏会しかない、とも言った。

実際は、タンサン夫人はジャンヌを力づけようとしてこの言葉を口にしたわけではない。ルイ十五世の宰相として大きな影響力を持っていたフルーリー枢機卿が死に、父親のタンサン枢機卿も失脚し頼るべき後ろ盾をなくしたタンサン夫人は、宮廷のなかに基盤を作る必要があった。純真そうな顔をしていても、なかなかやり手のジャンヌは、彼女の切り札になるに違いなかった。だからジャンヌを仮装舞踏会に行くよう仕向けたと同時に、ジャンヌの義父トゥールネムにも一枚かませ、息子に厄介な仕事を言いつけて遠くプロヴァンスへ送り出させ、夫が不在の間にジャンヌが首尾よく事を運べるよう、先手まで打っていた！

いよいよ、仮装舞踏会の夜がきた。デティオール夫人のジャンヌは、どきどきしながらタンサン夫人を付き添いにしてやってきた。王太子とフィアンセが行進するのを見ながら、タンサン夫人がふたりを馬鹿にするようなことを言ったので、ジャンヌは吹きだし、王太子は少しも尊敬されていないのね、と答えた。間もなく舞踏会が始まる。許可された者しか参加できない。人々は王太子に拍手を送り、スペインの王子の前でうっとりしたふりをしてみせた。だが、女性たちはみな一様に、ひとつのことしか頭になかった。王をみつけること。王は何に変装している？　どうしたら分かる？

そんな女性たちに交じって、ジャンヌもまわりの様子をうかがっていた。甲冑をつけた巨人に変装している人がいたが、王ではないだろうと思った。威厳が出すぎるから、王はわざわざ王や王子に変装はしないだろう。しばらくの間、ジャンヌは鎧兜の巨人と踊り、迷った。もしやこの方？　王かもしれないと思うと、臆してしまって何も言えない。するとスペインの審問官が進み出てきて、ジャンヌにあけすけな言葉で教えてくれた。「この男は好きものさ」。すると、今度は蜂のように胴をしぼった騎士がジャンヌの腕をとり、外に散歩に出ようと誘ってきた。庭園の花はさぞ美しいだろう。彼女は思わず「はい」と返事をしそうになって、あわてて断った。目的を忘れるわけにはいかないのだ。また別の騎士が、もし一緒に来てくれたら庭園での最高の楽しみを約束すると言い寄ってきた。声がとても高く、女性のようだった。

するとそのとき、イチイの木の仮装をした男性が、会話に加わってきた。ジャンヌは変わった仮装衣装だと思った。彼女はイチイの幹の奥に視線を投げた。目の位置にあけた穴の奥で、貪欲な光を放っているふたつの目。その男性はジャンヌに、イチイは命の木で、不死のシンボルだと説明し、もっともらしく、だから常に緑色なのだとつけ加えた。ジャンヌは楽しくなって、しばらくの間はしゃぎながら冗談を言いかえしていた。そしてつい「あそこをお使いにならなければ、永遠に緑でいられましょうに」と口にしてしまい、顔を真っ赤にした。イチイの木の男性がにやりとした。ジャンヌが王の心をとらえた瞬間だった。

何日か後、正確には一七四五年二月二十八日、ジャンヌは王の侍従長ルベルの公式訪問を受けた。ルベルは王のそばにはべらす娘たちの品定め役だ。舞い上がるジャンヌにルベルは、王が会いたがっていると告げた。こうして、ジャンヌ・ポワソンはひそかにルイ十五世にお目見えをすることになった。当時のしきたりに従えば、王にさし出されたということだ。の後何が起こったか？　もちろん誰も正確には知らない。しかし「志願者」ジャンヌはその名にふさわしかったと思いたい。単にそれは私の想像ではなく、未来のポンパドゥール夫人は閨房の才能があったということでよく知られているのだから。ベルニス神父のような聖職者さえ、ジャンヌのえくぼに二重の意味（＝小さな穴）を持たせた詩を作ってほのめかしている。かなりきわどい詩だ。

へべ（美の女神）のようなポンパドゥール嬢さん
ほっぺに小さなへこみがふたつ
お楽しみする小さなへこみ、かわいいふたつの小さなへこみ

確かなことは、母親の強い教えが功を奏したということだ。ルイ十五世はジャンヌに初めて会ってからというものすっかり彼女に夢中になり、プレゼント攻めにし、もっと頻繁に会いたいといつも言っては、彼女に会うため、あらゆる手を使ったのだった。彼女は、ヴェルサイユに来たのは夫の仕事を探すためだと主張したが、最高のものを王からかち得たわけだ。数か月するかしないかのうちに、王は彼女を宮殿に住まわせたいと思うようになった。そのためには、ジャンヌに身分が必要だ。ルイ十五世はジャンヌに肩書きを与えられるような土地を探して買うことにした。そしてポンパドゥール家の侯爵位に男性相続人がないことを耳にしたので、さっそくその館と爵位を買い取った。

こうしてジャンヌ・アントワネット・ポワソンは、六月にポンパドゥール侯爵夫人となったのである。王との出会いからわずか数か月後のことだった。彼女は王妃の謁見も受けている。ルイ十五世は、ユーモアを欠かさず、爵位をポンパドゥール夫人の特殊技能に敬意を払って贈ったのだろうが、彼の娘たちは「ママン・ピュタン（娼婦のママン）」とあだ名をつけ、もう少

し慎み深い人々は、ポンパドゥールはアムール（愛）と韻を踏む、とはやした。

彼女はヴェルサイユ宮殿の北花壇のすばらしい御座所に住んだ。かつてシャトールー公爵夫人に与えられていたところだ。この後ポンパドゥール夫人は、二十年以上にわたり宮廷に君臨し続ける。ルイ十五世のような好色家にしては記録的ロングランだ。こんなに長く続いた秘密は？　それは、王を満足させるためなら、彼女はどんな犠牲でも払ったからだ。ルイ十五世はうつ気質だ。ポンパドゥール夫人は王をリラックスさせることに全力を尽くし、小部屋の劇場で演劇を催し、自ら舞台に上がり見事に役を演じたり、モリエールやヴォルテールの作品で国王のための歌劇も演出し、バレエやコンサートも企画した。もし、客席の王が、すばらしい舞台だったとほめたり、笑いころげて涙をこぼしたりすれば、夫人の勝利だ。

上演は内輪で行われ、ポンパドゥール夫人は王を魅了するために仮装もした。兵士だったり、東洋的な女性だったり、小間使いにも農家の少年にもなってみせたのだそうだ。これは噂でしかない。だが、彼女の衣装目録のなかに、何本ものズボンがみつかり、中にはトルコ風のだぶだぶの長ズボンもあった。ズボンをはく女性は、当時、不貞な妻よりもっと激しく批判された。一世紀の後、ナポレオン三世の母親のオルタンス女王はズボンのようなものは好まないと言い放っている。なぜなら、この手の衣類をつけた男性にできることが、女性の彼女には決してできなかったからだ。

ポンパドゥール夫人が成功した理由を説明しようとすれば、王への献身について語らざるをえない。王が望むことをすべてする。楽しむというより、服従だ。それに、彼女は実は冷淡だったようにも思える。侍従長のルベルが国王のための女性探しを手伝っていても、彼女は気にかけたりしないのだから。だから、一七五二年にふたりの関係がプラトニックになっても、ポンパドゥール夫人はヴェルサイユ宮殿に君臨し、とりわけ政治的には絶大な影響力を誇った。だが、上流貴族社会の言葉に馴染めなかった夫人は、辛辣でどぎつい言葉を使った。彼女は、宮殿のサロンでさえ、友達を「私のあばずれさん」と微妙なあだ名で堂々と呼ぶのだった。悪いことに、彼女は自由思家と言われる百科全書派と親しく付き合っていた。広い分野において精神的な自由を主張し続けたヴォルテールは、彼女の友人だ。

宮廷貴族はますます彼女を見下してねたみ、国民は彼女をうらやんだ。じきに、パリばかりでなくヴェルサイユ宮殿でも、ポンパドゥール夫人の政治をからかい、彼女の名前からとったポワソン揶揄歌「ポワッソナード」が流れるのである。

ひとりのしがないブルジョア娘
あけすけ女に育てられ
お好きなように振る舞って
今じゃお城はあばら家だ
王は、ちっとはためらうが
彼女のためにめらめら燃やす
お笑い草のこの炎

興奮させるよ、パリ中を、パリ、パリ、リ、リ、リ

平民あがりの売春婦
ふんぞりかえって政治して
彼女がくださる勲章は
金を払った勲章さ
何も言えない国王の前で
宮廷貴族はへりくだる
汚い言葉を浴びせられ
貴族も今じゃ貧乏人、ジャン、ジャン

ポンパドゥール夫人は芸術を愛する繊細な女性で、いかにも壊れやすそうな、大人になりきれない女性の原型だ。魅力的でわがままで、従順でいやらしく、娼婦と言われる最悪の立場でも無邪気な瞳に天真爛漫な顔をして、どんなふしだらなことでもしようとした。大好きな一杯のココアと引き換えに。

第13章　ポンパドゥール夫人の衣装ケース

ポンパドゥール夫人が一七六四年の復活祭の日に亡くなったとき、残されたのは涙にくれる王と空っぽの金庫だった。ルイ十五世が別の寵姫《ファヴォリット》を持つのは、十年以上あとになる。王室は、これ以降、本当の意味で立ち直ることはできなかった。三十年もしないうちにフランス革命が起こったからだ。

ポンパドゥール夫人もほかの愛妾たちも、子供ができても養子に出されたり、病気や不幸な流産でなくしたりしたため、後世に自分の子供を残していない。だが、彼女は自分の名が付いたファッションスタイルを生んだ。「ポンパドゥール・スタイル」である。いかにも尻の軽そうな、でもおしゃれで色っぽくお金のかかる、彼女のイメージ通りのファッションだ。私は、このポンパドゥール・スタイルを、彼女が王に造らせたり、プレゼントしてもらったりしたたくさんの館で目にした。クレシー、サン・クルー、ヴェルサイユ、パリのヌーヴ・デ・プチ・シャン通りの館と、現在のエリゼ宮であるエルブフ宮などなど。

私がよく知っているのは、ヴェルサイユにある夫人の館だ。一七五一年にルイ十五世がヴェルサイユ宮殿と市街地の間にある土地を夫人に与えたもので、もともとは宮殿内の池に水を供給するために貯水池《レゼルヴォワール》からくみ上げるポンプがあったところだ。ポンパドゥール夫人はお抱え建築家のジャン・カユトーに、そこに自分のために三階建ての小ぢんまりした建物を建ててほしいと頼んだ。「レゼルヴォワール・ホテル」だ。ポンパドゥール夫人の死後、この館を相続した夫人の弟は、一七六五年に館を王に買い取ってもらい、王のものとなった館は、その後一七九四年、本物のホテルに変わった。二十世紀に階が積み増しされ外観は変わったが、この元王族の居城には高名な人々が泊まっている。士官時代の若きシャルル・ド・ゴールが妻となるイヴォンヌ・ヴァンダルーに結婚を申し込んだのも、このホテルだ。

ところで、興味深いと同時に感動的でもある記録文書がある。ポンパドゥール夫人の所持品明細のリストだ。当時、浪費家と激しく非難されたポンパドゥール夫人だが、実際、個人的な身の回りのものをしまうだけでも、七つを下らない大型の衣装ケースが必要だった（その他になくなっているものもたくさんあるに違いない）。

現存する衣装ケースは夫人の死後、レイニー館に運ばれたもので、衣類の数々がきちんと畳んで詰められている。私にとっては宝の箱だ。そのなかには、ひとりの美しい女性とひとりの幸運な男性を理解するために必要なものが全部しまわれている。サテンのズボン、折りたたんで重ねて詰められているペチコート、刺繍を施したインド更紗、そして青い大柄の模様を織り柄に「花束をばらしたような金色」の飾りの付いたかわいらしい部屋着、それからキャミソールのようなもの。この小さな下着はスカートに合わせて丈が調整されている。モスリンのペチコート、頭にかぶるものや、袖につけるレース、たくさんのリボンテープや蝶結びのリボン、それからドレスの一式。

こういう服飾品を見ていると「ファッションリーダーだった女性の一端」が彷彿とされ、ポンパドゥール夫人が目の前にいるような気がして、彼女を腕に抱きしめたところを想像してしまう。キスしようと触れた彼女の服は、絹のようなモスリンかなめらかなサテンのようなやわらかな綿織物だ。ポンパドゥール夫人は装身具のセンスもがよく、当時の宮廷貴族たちから、宮廷一エレガントな女性と言われている。人形をひざに乗せ、髪を結いあげて着飾り、鏡の前でポーズを作っている姿が、私には想像できる。どんなポーズが美しく見えるか、彼女は飽きずにいつまでも鏡の前で工夫しているのだ。

私が一番好きなのはレースだ。彼女は衣装ケースまるまるひとつ分レースを持っている。当時、レースは、長い時間をかけ、じっと針先を見つめ続けて細かい形を手作業で作りあげていく、最高に繊細な仕事から生まれるものだった。もっぱら女性の仕事とされていたのは、やはり女性のほうが手先が器用だからだろう。ポンパドゥール夫人はベルギーのブリュッセルレースやマリーヌレース、フランスのアルジャンタンレースといった、最高級品を持っていた。

夫人はレースが大好きだったらしい。この優美な飾りをドレスの袖や襟に付け、着るとはずし、また別のレースを付け、そうして同じ服でも二回と同じ飾り方はしなかった。レースは、透ける感じがいい。見るのも見せるのも楽しい。レースに覆われたところから自分の体の一部分が見えたり隠れたり、透けて見えているような見えていないような……。今ではそれほど価値を認められなくなってしまったのはとても残念なことだ。袖や襟の繊細で美しいレースの下に隠れているさらに美しいものを、透けるレースの間からちらちらと目にするのは、本当に楽しみなことだったろう。ルイ十五世にしても、袖口や襟もと、ペチコートや裾飾りのレースの隙間からポンパドゥール夫人を少しずつ摘みとっていくのは、なによりの楽しみとなってやめられなかったに違いない。寵姫の乳房の上での苺摘みのようなものだ。庭師とはまた別のジャンルの摘み取りに、王は熱中していたのである。

下着がいっぱい詰まった衣装ケースがある。明細を見ると、リンネルやコール天のズボンや部屋着、下着やコルセットが入っていて、フランス宮廷随一の美女が、こんな庶民的なものを着ていたのかと、がっかりする。しかも、夜、頭にかぶって寝るボンネットやヘアキャップまで入っているのだ。「娼婦」といういさましい名を取る女性が、ボンネットをかぶっていたのだ。まるで庶民のしっかり者のおかみさんという感じだ。

侯爵夫人といえども、もとはジャンヌという平民の娘だったという事実を、こうした所持品ほどはっきりと見せつけるものはない。貞淑な主婦が、五十歳くらいまでは夫の情熱をかきたてるために大胆な下着をつけることが多いという話もあるくらいなのに、色っぽくて男をそそる女性が破れかけた普通の木綿の下着をつけている。官能的ですれた寵姫の顔の下に、着心地と耐久性を第一に重視する徴税請負人の妻の顔が隠れているのだ。多分夫人は、このあまりにも機能的な下着類を後の世に残したくはなかっただろう（この場合、衣装ケースの中身をもらいうけるのは部屋付きの召使だ）。

ともかく、ルイ十五世は、彼女の妖艶さと現実のギャップによけいかわいらしさを見出すような、やや倒錯趣味のいやらしい男だったということである。夫人は教養があり、冷たくて、おまけに趣味のいい下着をつけて王が望むことは何でもする女性だったと想像すると、とても刺激的だ。だがいまや「昔ながら」の「普通」の下着は、ポンパドゥール夫人の名をつけて巷で売られている、あのふるいつきたくなるような下着とはあまりに違いすぎる。ポンパドゥール風ウエストニッパー、ポンパドゥール風ストラップレスブラジャー、ポンパドゥール風超ビキニ！　乗馬でもするのでなければズボンなどはくことはなかっただろうと思われている女性が、夜はボンネットをかぶった「娼婦」だった――こんな面白いことは、残されたものを見てみないことにはわからないものである。

同じように、しばしば彼女の肖像画を描いた宮廷画家のブーシェの絵も、ポンパドゥール夫人という女性をよく表している。なかでも特徴的なのが、腰かけた彼女がドレスの足の付け根のあたりに、ちょうど性器を隠すように片手で持った本を置き、ほほ笑みながら左のほうを向いてポーズをとっている絵だ。

ふっくらした腕に真珠のブレスレットを付け、胸元から蝶結びのリボンがたっぷりとこぼれるようについたドレスを着て、髪粉《かみこ》をふりかけて灰色に見える髪をシニオンに結いあげた彼女は、ヴェルサイユ宮殿に住む「申し分のない」市民の女性に見える。下品な言葉を気にせず使い、男性をそそることよりエレガントであることに一生懸命な女性だ。この絵からもっと卑猥なことを考えたがる人は、夫人が持っている本は『女性のための哲学』か『性愛哲学者テレーズ』といった、普通の人が祈禱書の後ろに隠しておくような慎みのない内容の本で、侯爵夫人の頬が赤いのは血色がよいからではなく、この本を読んだせいだと想像するだろう。

所持品明細を見るともっと驚くことがある。「マルセィュのステッチ」がかかったおまるの一式と、赤いなめし革のビデ一式が含まれていることだ。夫人がビデを使っていたというのは、ヴェルサイユに革命が起きたと思えるくらい驚くべきことなのだ。ポンパドゥール夫人はこの道具の名を口にして要求した最初の女性だったに違いない。なにしろ、この当時、ビデは想像するだけで品がないと言われ、言葉の使用が禁止され、自由思想家たちの著作にさえ使われなかったほどだ。当時は卑猥な単語を書いてはいけなかった。たとえば「foutre（やる）」という単語など、スペルを全部書くことはもちろん、印象を和らげるように斜めのイタリック体にしたとしても、一文字目を見れば想像できるということで使用が禁じられた。

だが、ビデが道具として使われなかったのには、卑猥な感じがするからというより、衛生上の配慮から禁止された側面が大きい。ビデは、容器に水をためて手で洗うように作られていたが、当時、ペストなどの原因は水にあり、水は万病を引きおこす危険なものと考えられていたのだ。ルイ十四世の治世の後、徐々にではあるが、一七五〇年代に入ると入浴の効能が見直されて流行りだし、奥御座所にもあたたかい快適な浴室が造られ、石鹸で体を洗ってからきれいな湯ですすぐために、ふたつの浴槽が置かれた。

ポンパドゥール夫人の入浴はというと、彼女は身支度に何時間もかける。まず、体が浴槽に直接触れないよう刺繡がされた大きな布で覆われた浴槽に入り、ゆっくりと体をほぐす。体を洗うための小さな布で下女に体を洗わせている間、しばしば「香り風呂」でうっとりとする。それから髪を結わせ、かつらに小麦粉でできた髪粉をふりかけさせる（パリでは、人々はパンを作るための小麦粉が不足していた）。白粉をはたき、「マルタン小箱」と言われるマルタン嬢の細密画《ミニアチュール》が描いてある美しい小さな陶器の入れ物に入っている口紅をつけ、化粧をする。そして、「艶っぽく」したいときには額か頬に付け黒子を付けるのだ。

おしゃれな彼女はハンガリアンウオーターのような香水も省かないし、アイリスやナデシコの香りの粉も忘れずに付ける。ポンパドゥール夫人の化粧時間はとても長かっただろうから、身づくろいをしながら朝一番の引見が始まる。まわりで髪結いや衣装係がばたばた動き回っているところに、夫人の友人が最新の噂話を持ってやってくる。人々は夫人のもとへ急いで集まり、部屋は劇場のように大勢の人で埋まり、その列は階段の下まで続いた。ダルジャンソン侯爵は、こう書き残している。

この夫人の「化粧の間」は式典でもしているようににぎわっている。人気のなかったフルーリー枢機卿のところとは大違いだ。(……)毎晩、名だたる貴族がこぞってお目通りを願い、夫人のもとに馳せ参じているのである。

ポンパドゥール夫人は旅行に出るときには、必ず持っていくものがあった。高価な木製の小箱のなかに入れたパフ、毛抜き、耳かき、銀の柄の歯ブラシだ。夫人はこうした化粧品や小物に強い関心を持っていたので、悪意のある連中が夫人をどうにかしたいと思えば簡単に実行できたはずだ。化粧品を贈ればいいのだ。毒入りの白粉や化粧品を！

現在ではかなりの数の衣装ケースが消えてしまったと思う。紛失したのか売られてしまったのかはわからないが、中に入っていたのは夫人を知るための貴重な品だったに違いない。もっとも、非公開のポンパドゥール夫人の蔵書というのがあるくらいだから、もしかすると非公開の衣装ケースがあるのかもしれない。そのケースの明細にこそ、エロティックな服飾品や身の回りの品が並んでいるのではないだろうか。

たまには気まぐれに、だがほとんどの場合は実用を重視して揃えられた、ポンパドゥール夫人の所持品明細――衣装ケースを開けると、衣類を覆ったカバーの上に、夫人が好んだいろいろな花のポプリが置かれている。アポロンに愛され、ゼフィロスに愛され、悲劇の結末で知られるギリシア神話の美青年ヒュヤキントスの名を持つヒヤシンスのように、愛の物語に起源を持つ花々のポプリを、そこに目にすることができるに違いない。その花びらが、しおり代わりに、あるいは押し花にするつもりで、本に挟まれているのを見つけることだってあるだろう。

当時、押し花は、ジャン＝ジャック・ルソーが自分の採集した植物を押し花にして図鑑を作ったことで流行していた。だいたい花というのは、セックスに結びついた特別な意味を持っていることが多い。たとえば、「薔薇を摘む」はパートナーの性器をなめることを意味し、「とげのない薔薇」が女性の乳房のことだというのは、経験を積んだ庭師ならよく知っている。

そして、衣類のわきには、これもお楽しみのひとつだっただろう「透かし絵」が入っている。

これは、十九世紀の「魔術幻灯」の走りとなった光のマジックで、オルレアン公の御用演出家カルモンテルの透かし模様が有名だ。裏側から明かりを照らしたときだけ、そこに描かれた特定の絵が浮きあがって見えるキャッツアイ効果を利用し、ルイ十五世の生活態度をある猥褻なワンシーンに仕立て、光のなかに公然と描き出して見せたのだ。そのシーンが、見る者を怖がらせるのではなく、興奮させることができたかどうかは、いささか疑問だが。

衣装ケースには、杉や象牙で作ったペニスの張り型も、絹の布にしっかりと包まれて入れられている。王が狩りに出ているときなどは、寒く長い夕べをこれであたためたのだろう。この道具は人類と共に太古の昔から存在する。ユーモアより性欲を求め、自由思想家は官能作家になり、ほのめかしをふんだんにちりばめた小説を書いた時代である。こちらの道具のほうは、複数のかなり大きな博物館の地下に、赤い色をした滑稽なものがいくつも保管されている。先端は面取りをされて滑らかだ。それを見ていると、ポンパドゥール夫人にそれを贈った、法律上の夫ではない別の男の顔が浮かびあがってくる。

こうした高貴な道具類の下に入っているのは、夫人が愛用していた陶器の錠剤容器だ。そのうちのひとつを開くと、体の弱い夫人が毎日一生懸命なめていた治療薬が入っている。だが、錠剤を取り除くと、容器の内側には猥褻な細密画が現れる。片面には足を開いた裸の女性、もう片面には活力をみなぎらせた男性の生殖器が描かれているのだ。妙な気持ちにさせる至宝の芸術作品だ。それから、しっかり折りたたまれた扇。扇は暑くなって開かれ、風を送るときを待っている。扇が開かれ涼しい風が吹いてくると、このセクシーな貴婦人の魅惑的な肘がむき出しになるので、男性陣が汗だくになってしまうという扇だ。

そしてフェチシストでもあったルイ十五世が、その気分になったときに使う凝ったつくりの靴や下や夫人がブラウスの奥にひそませていたであろうのリボンやハンカチが一緒になって入っており、その奥の「修道女の宝石」を覆っている。「修道女の宝石」とは人工ペニスのことで、修道院から百本単位で注文されたのでこう呼ばれるようになったらしい。

そして、後はすべて本だ。大切な宝物のように、秘密の本が衣装ケースの底に敷き詰められているのだ。ポンパドゥール夫人はインテリだった。私は、本の数ページ（pages）のほうが、宮廷のかわいらしい小姓たち（pages）よりずっと彼女に元気を与えただろうと確信している。だが、文学少女は彼女だけではなかったろう。当時は女性向けの恋愛小説がたくさん出版されている。タブーになっている言葉があって文章にできないことは、さし絵を見ればわかるようになっていた。これは想像力にとぼしい男性たちにも、かなり喜ばれただろう。さし絵には文字と同じくらいエロティシズムの精神があふれている。たとえば、修道女のスカートがめくれていて、そのなかに少年がもぐろうとしている絵には、「続けなさい。あなたは救われます」という文章がついており、ある作家が本を書きながら女性の上に馬乗りになっている絵には、こんな敬虔なコメントがつけられている。「創造主は民を満たす」。

私はこういう本が好きだ。陽気でいやらしさがない。適度に不真面目だ。これが暗くてユーモアがない現代のポルノに欠けている点だと、私は思う。当時の本で気に入っているのは『L'École des filles（乙女たちの学校）』で、一六五六年の作品だ。ポンパドゥール夫人の時代には、これはすでにかなり評判になっていたので、彼女が手に持っていたのもこの本の可能性が高い。遊びなれていた母親からもらったのかもしれない。本のテーマは、フォンションという若い娘への性の手ほどきだ。ロンベールというしつこい男への対処法として、フォンションにセックスを解説するスザンヌという指導者が、実にすばらしい文学的表現を駆使している。これがその抜粋だ。

この道具は、要するに男の子がおしっこをするためのもので、ペニスと呼ばれています。ときには、陰茎、おちんちん、ホース、それから槍などと呼ばれることもあります。男の子の裸を見ると、おなかの下のほうに雌牛の垂れ下がった乳首のような長いものがついているのがわかります。わたくしたちには、同じ場所におしっこをする穴しかありません。

現代もこのくらい豊かな表現をするといいのに！　そうすればポルノはもっと教育的なものになる。ポンパドゥール夫人は舞台での演技もなかなかのものだったと言われているので、スザンヌ役は夫人で決まりだ。——本の写しを与えられてぽかんと口を開けている経験の浅い娘に、スザンヌ役のポンパドゥール先生が、「とても大きな真っ赤なサクランボみたいにぶらさがったもの」を想像してごらんなさい、と言うシーンが浮かぶ。やがて娘は、そのぶらさがったもので犯され、その持ち主に馬乗りになられ、あるいはせっせと働かされることになるのだ。このシーンを観る客となるルイ十五世は、うつ気質で、いつも気持ちを前向きにしなければならなかったので、先生という名の座り心地のいい椅子に乗っかっている。そして先生から、おとなしく寝るか、手を自由にするか——つまりせわしなく動かすか——どちらかを選びなさいと言われるのだ……。

エロティックな明細のリストは、あとふたつ——衣装ケースに入らないほど大きいが——ポンパドゥール夫人につながるものを加えて完璧になる。ひとつめは「空飛ぶ椅子」だ。残念ながら今ではもうヴェルサイユ宮殿でお目にかかることはできない。腰かけ式の便器なのだが、とりすました観光ガイドは、一生懸命に「エレベーターの先祖」のようなものを想像させようとする。この椅子で階段を使わずに上に登れるのなら、行先は天国だ。というのも、ルイ十五世はこっそりと姿を消して、表御座所から奥御座所へ移動するために、これを設置させた小さな部屋を造った。この個室から王は人目を忍ぶ抱擁をしに奥に行ったのだ。最初はシャトールー夫人、次にポンパドゥール夫人のところへ。そしてマイイ夫人のような女性のところにも。

マイイ夫人は、ルイ十五世がごく短い間、親密な関係を持ちたいと望んだ女性で、王と初めて対面した翌日、いかにもつらそうに歩く姿を見られている。その姿はまるでこう言っているかのようだったという。「ねえ、見て、あのエロじじいったら、こんなになるまで私のことをいじくりまわしたのよ」。

ポンパドゥール夫人が、まだルイ十五世の猥褻な遊戯の相手をしていた頃、セックスに関する奔放な想像力も情熱も決して満たされることのなかったルイ十五世は、ポンパドゥール夫人の奥御座所の二階に、客の邪魔にならずに食事が出せる「空飛ぶテーブル」を作らせる計画をしたことがある。「空飛ぶテーブル」とは折りたたみ式のテーブルのことだ。ここでのガイドの説明が、さらに面白い。ガイドはもったいぶって、「『空飛ぶテーブル』と『空飛ぶ椅子』は同じ発想から生まれたものです」と観光客に言う。絶妙の説明だ。ともかく、これはエチケット云々の話ではない。客が召使に気を使わなくていいように、ということではなく、召使が夜食の間中くり広げられる乱交パーティーに入ってこないようにするために考えられたものなのである。秘密好きのルイ十五世はつまらぬ隠しだてをする人で、秘密を探ろうとする人の目を気にし、口さがない連中が自分の目の届かないところで何を言うか、いつも気にしていた。この頃、すでに彼は人々から嫌われてしまっていた。召使のひとりでも目にしたことをどこかで話せば、ごくわずかに残されている人々の尊敬の念も、すっかり失われてしまうだろう。私は、ポンパドゥール夫人がこんなふうに人目をごまかすことを好んだとは思わない。夫人は王がこそこそ密会するような遊び女ではなく、公に親密な関係にある寵姫なのだ。だが、ルイ十五世のふたりの寵姫――いやマイイ夫人を入れれば三人の寵姫のなかで、彼女は自分が一番王に気に入られていることを、きっとここでも自覚したのだろう。彼女は一番のお気に入りの女性として、ルイ十五世の心に長くとどまったのである。

第14章　ルイ十五世と「鹿の園」

　月桂樹は、ギリシア神話でアポロンの求愛から逃れるために娘が化身した木だ。ヴェルサイユ宮殿の庭の月桂樹は、幾何学庭園を造るために、ルイ十四世によって切られてしまった。だが、月桂樹がたくましい木だということを、私は職業柄よく知っている。だから、摂政政治の頃に庭園のところどころで再び芽を出し、ルイ十五世のときには花まで咲かせたのだ！　ルイ十五世が散水車なみに肉体労働をしたのだから当然かもしれない。彼は小さい頃に摂政の生活態度を見習って、この木立のなかに身を投じてしまったのだ。

　ルイ十四世は、夫のいる女性との関係を堂々と公表し、いかにも女好きのように見えるが、ルイ十四世の好んだこととルイ十五世の好んだこととはまったく違う。ルイ十四世は異性を誘惑するのが好きで、ひ孫のルイ十五世が好きだったのは、セックスそのものなのだ。

　彼はセックスを欲し、セックスを必要とし、子供にいくらキャンディーを与えても、もっと、もっと、とねだるように、満足するということがなかった。しかも彼は王だ。いつだってキャンディー以上に美味しいものまで手に入れることができるのだ。だが、寵姫や侍女、召使から周辺の農婦、出入りの女商人、花屋から乳しぼりの女、そしてお針子まで、どんな志願者を求めてみても、ルイ十五世はやはり満足できなかった。そしてとうとう、その道のスペシャリストの手を借りることになった。

これには別の理由もある。王は梅毒をうつされることを恐れたのだ（当時、巷では梅毒が流行り、大きな被害が出ていた）。相手の女性は健康な肉体の持ち主でなければならない。死をもたらすような病気をうつされる心配の絶対にない女性でなければならなかった。このとき、ルイ十五世には、ルベルという侍従がいた。この侍従が王の相手のお毒見役になった。試してから、まず十日。潜伏期間を経て、その女性が安全に食べられるかどうかわかるまでに、三週間かかった。ルイ十五世のような男にとって、我慢するにはあまりに長すぎた。だからといって、毒見役が王のリズムに合わせてしまうわけにもいかない。

寵姫の側にしても、すでにこれ以上は王の攻撃を受けとめきれなくなっていた。ポンパドゥール夫人が疲れた青い顔をしているのは――実際彼女は婦人科系の病気を患っていた――王の攻撃が激しすぎるせいだと陰口もたたかれたくらいだった。

だが、ポンパドゥール夫人は肉体的に力尽きてやつれていても、問題を解決しようとする力とアイデアを持っていた。王は真っ赤な苺のような若い娘が好きだ。苺畑も持っている。蜂蜜を好むから、自分の巣箱だって持っている。ならば、王が売春婦でいいというなら、王は売春宿を持てばいいのだ。性格の冷淡さから「冷血動物」というあだ名があったくらい冷静に物事を判断するポンパドゥール夫人は、自ら売春婦の仲介役を買ってでた。国王の快楽を管理しておけば、女同士で競争する必要はなく（王が性欲を発散するのが娼婦なら、寵姫の座を奪われる心配はないのだ）、不快なケジラミや発熱、疼痛に悩まされることも、性病にかかる心配もなくなるのだ。

夫人は、現在の「王の菜園」の近くにある、かつて狩猟用の鹿の飼育場だった場所に、目立たないようこっそり、二～三階建ての小さな家を建てさせた（これに関する資料はほとんどない）。もともとあまり評判のよくない地域で、道は泥んこで薄暗く、人気もないので、王がお忍びで来るにはもってこいだった。「鹿の園」と呼ばれたこの建物には、働き者のルベルが若い娘を見つけてきては、住まわせた。ルベルは、街角で泣いている若い娘がいればすかさず助けに駆けつける王立警察の警察官の協力を得ていたうえ、母親が娘を差し出すケースもしばしばあった。

この時代、王というものがどういう存在だったかは、知っておかねばならない。現代でいえばロックスターのような存在だった。「国王陛下」というスターには熱狂的なファンがいる。ファンの女の子は、一度も国王陛下と会ったことがなくても、熱烈なファンレターを書いて送った。そのファンレターの一通が、ほかより熱烈で国王陛下の目にとまると、陛下は手紙を書いた娘の身元を調べさせる。娘が文面に偽りなく、本当に国王陛下に思いを寄せていて、文面は淫らでも肉体が汚れていないなら、そして娘の家族が寛大で、しかもあまり裕福でない家ならば、その娘は「鹿の園」で飼われるチャンスが与えられる。必要に応じて、ルベルは受け入れ態勢について説明をする女性、つまり、売春をあっせんする女性を派遣する。

その場面を想像すると、本当は悲しむべきシーンのはずなのに、私はむしろおかしくなってしまう。――老女（あっせんにたずさわるやり手の女というのは、たいていが実際に「ババア」である）は、娘の髪を撫でながら、いずれ娘にたたき込むことになる女性の美徳というものについて、もったいぶった説明をする。娘はすっかりその気になり、両親に「鹿の園」へ行かせてほしいと言いはじめる。母親は、これで厄介な娘の世話をやかずにすむと内心喜んでいるので、ふたつ返事で応じ、父親も初めこそ憤慨していたが、なんとなく悪い話ではないように思えてくる。王をうらやましく思うと同時に、娘の持参金を心配しなくていいと分かってほっとする。そして、王から月給が出るという条件が決定打となりし、その夜、この家族は取っておきのブランデーで乾杯し、あっさり何千リーブルもの大金を手に入れたことを祝う……。

こうして町から娘が「鹿の園」に集められたのだが、王は、どんどん若い娘を要求するようになっていった。十二歳から十三歳、ときにはもっと年下の少女を望んだ。国王陛下はできるだけ「若い子」がお好きなのだ。思春期を迎えるのは、特に恵まれない環境では早くても十四歳ぐらいだろう。「鹿の園」の雌ジカは、思春期になったかならないかの少女だった。では、ルイ十五世はロリコンなのか？　私はそうは思わない。この王は相当淫乱ではあるがロリコンではない。

思うに、子供の頃病弱だったルイ十五世は、女性の評判を傷つけることより自分の評判を、そして何より自分の健康を心配したのではないだろうか。だが、パリの街角で処女の娘を見つけようと思ったら、揺りかごに入っている女の子を連れてくるしかないだろう。そのうえ、王の前に出されるまでには時間がかかった。娘たちにまず教育をする時間が必要だった。この教育は、「鹿の園」の店長、ベルトラン夫人によって行われた。娘たちは、彼女に面倒をみてもらいながら成長し、つぼみが膨らんでくると王に供されるのだ。

万一、王から飽きられてしまったら、持参金を与えられ、条件の良い結婚をさせられる。ときには王族の家にもらわれていく娘さえいた。子供ができても王は認知せず、その子は裕福な家庭に養子に出される。こうした子供はルイーズと名付けられることが多かった。「鹿の園」の娘たちの待遇は、それほど悪かったわけではなかった。

いよいよ「お仕事」となると、夕方、なかが見えないようにカーテンが引かれた轎《かご》で宮殿に連れていかれる。王が「鹿の園」に来ることもあったが、そう頻繁ではなかった。もし、彼女たちがこの仕事をつらいと思わず楽しめれば、パリのオペラ界隈に柵つきの住まいを与えられることもあった。このシステムは一七四五年から一七六五年まで続いた。最初は順調だったが、当然、国王のこの女遊びは噂になる。宦官と愛人を囲ったハーレムだとか、町から姿を消した何千もの娘がむごい状況で飼われているとか。実際のところ、「鹿の園」の住人が三人以上になることはめったになかったのだが、この噂は消えず、一七五〇年、ルイ十五世は激しい非難を浴びることになった。聖職者から売春の罪業を説かれた王は、自分の行いはさておき、首都のモラル向上のため、売春をして暮らす娘たちを当時植民地だった米国ルイジアナ州へ追放するという決定を下したのだ。

人々は怒り、パリは大騒ぎになった。子供たちが町から追い出されたのは納得がいかないと、人々は、ルイ十五世を非難した。そして、王は子供たちを犯して、その血を飲んでいると騒いだ。この騒動は激しく、ルイ十五世はヴェルサイユからコンピエーニュ城まで狩りに行くのに、パリを通らずにすむ道を造らせている。

「鹿の園」の寄宿生に、マリー・ルイズ・オ・モルフィという有名な女性がいた。彼女は、ブーシェによって描かれた『オダリスク』のモデルとして後世に名を残している。この絵には、あどけない顔の若い女性が、衣類を体の下に敷いて腹ばいになり、ソファーの上で足を開いている姿が描かれている。真珠色に輝く、それはそれは美しい、丸々としたお尻が見る者を虜にし、画家の才能を世に知らしめた絵だ。私もこのお尻の虜だ。長椅子の上に張りだした大きなリンゴのようなそのお尻を目にしたとたん、私はもうこの絵から目が離せなくなる。でも、それは私だけではない。どんなに厳しい目を持った芸術評論家でも、どれほど疲れた観光客でも、このマリー・ルイズのお尻の前で目を見張らない人はいないだろう。

当時すでに有名になっていた彼女のお尻は、後世に名を残すにふさわしく、好色家で知られるカサノヴァの目をも奪った。女性を見る目に関しては玄人中の玄人のカサノヴァは、ブーシェのこの絵について、著書『回想録』にこう書いている。

この巧みな画家は、彼女の足と尻とを、これ以上美しいものはもう見られないと思わせるほど美しく描いている。私はこの絵の下に「O-Morphi（オ・モルフィ）」と書きこませた。この言葉は、ホメロス風なものではないが、それでもやはりギリシア的である。「美女」

という意味の言葉だ。

カサノヴァというヴェニス出身のすご腕の女たらしは、他にもいくつか書き残している。私はそれを調べてみた。〝morphé〟（モルフィ）はギリシア語で外見の美しさを表す言葉のようだ。しかし、この若い女性は、美しい体のラインは確かにギリシア的だが、それ以外は違う。どうやら彼女は、フランス軍の軍人だったダニエル・オ・モルフィ・ド・ボワズフェリーというアイルランド人を父に持っているようなのだ。彼女は「鹿の園」で二年間の教育を受けた後、十四歳で王の情婦になった。オ・モルフィ嬢の崇拝者はカサノヴァだけではなかったらしく、この愛らしいお尻をたたえるたくさんの戯れ歌が作られている。ここでは、マリー・ルイズを美しいお尻をしたセシルと言い換えている。

もしも愛の女神さま
おれらの賛辞が欲しいなら
永久《とわ》におれらのセシルから
かわいい姿を借りるだろう
いくら女神に色気があっても
器用なクレヨン塗ったとしても
女神の尻じゃかなわない

おいらのセシルのすてきな尻には
いとしい大事な宝物
セシルよ　信じちゃいけないよ
お前の見事なその尻を
いつかおいらが忘れると
だけどやっぱりあきらめなくちゃ
おいらの命ははかなくて
口づけしながら死ぬなんて！
おいらのセシルのすてきな尻に

歌詞に出てくるセシルは忘れられたりはしない。少なくとも、アイルランド美人の特別なお尻はもう誰からも忘れられることはない。このお尻の絵は、現在ルーブル美術館に「siège」（鎮座）しているのだから。

このオ・モルフィ嬢だが、彼女はお尻の美しさに加えて、われわれがまさに色気と呼ぶものを上手に利用する術を知っていたのだろう。毎晩、彼女は天才的な勘で、本来開拓の難しいジャンルの新しい遊び方を見つけだし、ルイ十五世を楽しませたに違いない。この若い娘は、自分の魅力をフル活用した。職業に適した体つきのうえに、腕も確かだ。もちろんこれは「鹿の園」

での学習の成果だ。ベルトラン夫人は十四歳前後で卒業を迎える生徒たちに、刺繍を教えた。エキスパートである自分が直接、指先の絶妙な技術を指導するのだ。Point de croix（クロス・ステッチ）と point de tige（ペニスの先端）の間で、彼女は生徒たちに「刺す」ときの精巧な技術と、快楽にバリエーションを与えるためのさまざまなポーズを教えた。

だが、いくらすばらしい肉体があっても、残念なことに誰もがそれを活用できるわけではない。マリー・ルイズには本物の才能があったに違いない。彼女は十五歳で「家族と国家によって産みだされた高級娼婦」の肩書きをほしいままにし、のちに大金持ちと結婚し、一八一四年に裕福な一生を終えている。順風満帆の人生と言えるかもしれない。

国王ルイ十五世は秘密好きの男だった。自分が何か隠していることを他人がうすうす勘付いているという程度がいいらしい。王は娼婦をヴェルサイユ宮殿に迎える。だが、おんなを通すのは、小鳥をつかまえるという意味の「罠」と名付けられた隠し部屋だ。王は半分だけ隠す。ダルジャンソン侯爵は、この王の快楽のために働くまだ初々しい娘たちが、みんなの目の前を通って隠し部屋に行くところを書き記している。この瞬間で人生が決まるとばかり、新人らしい緊張した面持ちで一張羅のドレスを着込んだ娘は、「王から贈られた嗅ぎたばこ入れや値の張るがらくたをこれ見よがしに身につけ、頭にはダイヤモンドの羽飾りをつけて着飾っていた」のである。

この「罠」と呼ばれた部屋は、残念ながら見つからず、ルベルの手帳もない。それでも、私はときどきその中身を想像してみる。そこには、生年月日と技能によって、きちっとランク付けされた娘たちの名前が記されていたのだろう。それを見たら、カサノヴァはうらやましがったかもしれない。熱心な侍従は、相当な体力の持ち主だったようだ。ひとりひとりの持ち味と欠点を詳細に記している。「うぶな小鳥たち」は、一度——あるいは何度も淫らにむさぼり食われた後で、ベルトラン夫人のもとに送り返され、再び王が自分の鳥小屋を漁りに来る日を待った。

一七五〇年代のヴェルサイユ宮殿は、七月十四日のパリ祭の日のシャンゼリゼ並みのにぎわいだったろう。そのなかで、自分の情事が誰かに見られるというスリルはルイ十五世にとって、性の快感を増すものだっただろうことは想像にかたくない。王は、宮廷の年代記作家を相手に、淫らなかくれんぼをして遊んだ。しかもルイ十五世のような残酷な男にとっては、邪魔者をいたぶることなどなんでもない。

ネプチューンの泉の後ろで、伯爵夫人とのセックスのたけなわのところを見られら? 興奮したそのいやらしいのぞき魔を鞭で打たせる。昼間は淑女、夜は娼婦のごとき侯爵夫人をバックから攻めている現場を見られたら? 王は目撃した男を捕らえ、お前の秘密もばらすと脅す(王は宮廷に出入りする貴族の数より多いくらいの「お耳役」を使って情報を集めている)。そして男が絶望的な気持ちになり、ひざまずき、自分の不徳の行為を国王権限でばれないようにしてほしい、と懇願するのを、獲物をいたぶる甘美な恍惚感にひたりながら眺めるのだ。

ルイ十五世という男は、この時代は放蕩者と言われが、今なら完全な偏執狂だ。その証拠に、彼は美しく、王であり、望む女性はすべて手に入れることができるというのに、売春婦を呼び寄せ、金まで払った。ヴェルサイユ宮殿で！　この王は露悪趣味で、相手をおとしめると同時に王という自分の役割をおとしめる行為を好んだ。この王のもとでは、王国も大打撃を受ける。

パリじゅうが王の買春とヴェルサイユ宮殿での乱交パーティーの噂で沸いているのに、ルイ十五世はさらにとんでもないことをした。パリの売春婦を投獄せよという命令を出したのだ。刑務所はすぐに満杯になった。この売春婦の問題が落ちつくのは、ルイ十六世の治世になってからだ。ルイ十六世は、特別に売春婦が仕事のできる地域を定め、いわゆる、黙認をした。ヴェルサイユの売春専用地域は、「小さな広場」といわれる。一八六〇年、そこに、電車のように快適さとサービスに応じて三クラスに分けられた、扉の閉ざされた十五軒ほどの家が発見されていた。

ヴェルサイユの売春の歴史はこれで終わりではない。一八一二年のある晩、ナポレオン一世がロシア侵攻というやがて来る大きな出来事について考えるために、大御座所の庭で軍人らしく瞑想にひたっていると、湿ってなまあたたかい夜の空気のなかから、からかうような女の声が聞こえてきた。その声は、一枚か二枚のナポレオン金貨があれば、彼が彼女の大事なところを完全に征服できると言っていた、という話がある。皇帝が売春婦から、その頃は彼の所有物になっていたヴェルサイユ宮殿の庭園のど真ん中で、客として勧誘されたわけだ。しかも、客を引く女はひとりではなかった！

そこで調査をさせると、リアードと名乗る男が浮かんできた。リアードは、社会のモグラ捕りとでもいうのか、世の中のダニやウサギやネズミをつかまえる。だが、何匹かの子ネズミは家にかくまい、仲のいい守備隊の兵士にわずかな金額で売るのだ。この男は七十歳も過ぎようというのに、ヴェルサイユ宮殿の敷地内にある自分の家をナイトクラブにして、仕事帰りの近衛兵を慰めさせていたのだ。庭園に出ている何人かの女は、新鮮な空気を吸うついでに客を連れ帰る。客はおどおどしている。やめろと言われても、リアードはなかなか承知しなかった。彼はヴェルサイユを追われ、その場で建物は閉められた。

だが、自分の住まいをその場限りの「罠」にしてヴェルサイユでモグラ捕りをしていたのは、リアードひとりではない。一九七〇年代のことだが、ヴェルサイユの庭園で軍のある高官が自分の妻を売春させているのが見つかりスキャンダルになったのを、私は今でも覚えている。

では現在はというと、ヴェルサイユは最高に真面目な町になっている。以前サトリ高原への道筋にぞろっと並んでいた売春婦も、一九九〇年代に「引退」した。その代わり、そこから数キロのところに、思わせぶりな名前の建物がヴェルサイユ的なふたつの制度、貴族階級と売春についての資料を保存している。金を払いさえすれば、ポンパドゥール夫人とモンテスパン夫人の仮装をした安物のマネキンが、今風の売春婦の色気でほほ笑んでくれる。

第15章　後釜争い

ルイ十五世はポンパドゥール夫人がいなくなってしまったことを大変悲しんだ。喪の悲しみの後にくる喪失感は、さらにつらいものだった。大事な人を失ったときは、この世にたったひとり残されたように感じる。しかしそこはルイ十五世のこと、本来の性癖がよみがえってくるのに時間はかか

まずは、古い付き合いのアンヌ・クーピエ・ド・ロマンとよりを戻した。この女性は、美貌の持ち主であったがなかなかの策士だった。ところが何にでも首をつっこんでは、あることないこと言いふらしたがるのが困りもので、そのうち、王は十一年続いてきたこの関係を重荷に思い始める。ふたりの間に生まれた男の子をルイ・エメ（愛されるルイ）とよんで、正式に自分の子としていたので、これでもう義務は果たしたということもあり（ちなみにルイ十五の庶子のうちで、このような扱いをしてもらえたのはこの子だけだ）。王はまずはロマンとあまり会わないようにし、やがて関係を絶った。そして十六歳の美女ルイーズ・ティエルスランを晴れ晴れと迎えた。

ルイーズは若かったが、愛の戯れに関しては、すでに百戦錬磨のつわものの心得があった。セックスが大好きで、我慢することができないかのように、なにかと理由をつけては王をベッドへと誘い、庭園を散歩しているときにはボスケのなかへ行きたがった。この好色で扇情的な娘は実に大胆で、王の御座所を平気で薄着で歩きまわったり、人前でポーズをとったりをしていたが、見ているほうは無関心ではいられない。こうした淫らな行動のせいで、彼女は王の側近たちの怒りを買うことになった。下品で知性がなく、さらに悪いことには野心家だと批判されたが、ルイーズには王の寵姫になりたいという切実な野心があったのだ。

しかし彼女は、あこがれの地位にたどりつくにはあまりに若すぎた。希望に燃えて何年も王を挑発し続けたあげく、夢から醒めてあきらめ、その後をエスペルベス夫人に明け渡すこととなった。

さて、当時の宮廷の女性という女性はみなそうだったのだが、エスペルベス夫人も第二のポンパドゥール夫人になりたいと願っていた。確かに彼女には魅力があった。すらりとした体つきに生き生きした眼差し、そして胸も——見た人の証言によると——崇高なまでに美しいということだった。見た人が少なすぎてあてにならないだろうという心配はまったくいらない。愛人の数があまりに多いのでマダム・ヴェルサイユというあだ名が付いていたほどなのだから。あだ名の意味するところに曖昧さはない。つまりヴェルサイユじゅうの男という男がエスペルベス夫人のシーツの滑らかな触感を楽しんだだろうということだ。

ルイ十五世はこの新しい愛人の破廉恥な振る舞いを知らないわけではなく、むしろ面白がっていた。誰それと寝たそうだがどうだった、と聞くと彼女はそれを打ち消すどころか、大臣や枢機卿や従僕から要求された姿勢や淫らな提案を、彼らに王への忠誠を誓わせるために受け入れたのだと言うのだった。また、もう少し遠慮がちにではあったが、実はたくましい上半身が好きなのだとか、真珠のような歯をした口を見るとキスしたくなってしまうとか、打ち明けることもあった。なかなか鋭い観察眼を持った女性だったのだ。

しかしこうした流儀で増えたのは味方ばかりではなかった。有力者である大臣のショワズール公爵は、この女性のせいで自分が王から遠ざけられたと感じ、彼女を追い払おうとたくらんだ。ショワズールは自分の目的を達するためのアイデアに事欠かない男で、どうすればいいかもよくわかっていた。自分自身、マダム・ヴェルサイユの気前のよさの恩恵にあずかったことがあったからだ。

公爵は夫人の女友達をひとり買収して、相当な金額と引き換えに王と過ごす夜のことをエスペルベス夫人から事細かに聞き出させた。何を話したか、どうやって愛撫したか、どんな体位をとったか、細大漏らさず聞き出した。こうして数週間後、淫らな情報を大量に仕入れたショワズールは、王に手紙を書いた。エスペルベス夫人があちこちで恥ずかしげもなく、王との情交についてしゃべりまわっている、と。

エスペルベス夫人はパリで、自分を陛下の寵姫だと言いふらしております。そして私と私の家族のことも醜悪な言葉で非難しております。これでは政府の、つまり陛下のお考えが、パリでは無視されることになってしまいます。

ルイ十五世はショワズールの評判にも政府の考えというものにも関心がなかった。この手紙を読んでも無関心は変わらなかったが、これから先も、自分の「やり方」についてあれこれ言いふらされるのを避けるため、そして大臣ショワズールの怒りをしずめるために、このチャーミングで淫乱な女性を追放する命令を下した。ショワズールの作戦は見事に成功した。こうして王はまたひとりになった。重臣たちは、おとぎ話の王子の結婚相手を探すかのように、王にふさわしいたぐいまれな真珠を見つけだそうと、国中を探させた。だが、王のほうにはいまひとつ熱意がない。何人もの女性が次々に国王のベッドを通りすぎ、ショワズールの妹であるド・グラモン夫人が、少しの間愛人となってとどまったが、公認の寵姫になるにはいたらなかった。こんなことは今までなかったので、国民も驚いた。面白がった風刺作家《ユモリスト》が作った戯れ歌が、パリの広場で歌われた。

寵姫をなくしたわれらのルイは
お次を探して祈ってる
神様どうかおめぐみを
ポンパドゥールのあとがまに、きれいな女を頼みます
イエスが答えていうことにゃ

「雌のロバしか見当たらぬ」

ジャンヌ・ベキュという新しい寵姫候補の話を耳にしたとき「その娘は王妃より美人か」とルイ十五世は質問した。それを聞いた従者長ルベルは驚いたというか、軽いショックを受けた。なんといっても王妃マリー・レグザンスカは当時もう六十五歳で、王を魅惑するに足る色香を失って久しい。これも、もともと色香があったとしての話だが……。しかし、人がなんと言おうとルイ十五世は王妃をなかなかの美人だと思っていたのだ。ということは、悲しみは癒え、王に生命が、恋する心が戻ってきたということだ。

ここ数年、王はグラン・トリアノンのギャラリーをそぞろ歩きするときもひとりか、そうでなくても気の添わない相手とだった。ポンパドゥール夫人との永遠の別離の日である一七六四年四月十五日以来、王は国民の大多数と同じように「誰も愛してはいない」という不幸な状態に苦しんでいたのだ。王は、寵姫となり、やがて国政について適切な助言をするようにもなったこの女性、この恋人を夢中で愛していた。確かにポンパドゥール夫人にはちょっとした悪い癖があった。国の問題に首を突っ込みたがったということだ。だがそれは、お相手である国王が他人の妻に手を出したり、トリアノンの庭園に集められためずらしい植物の成長を見ようと土いじりをしたり、穀物の栽培に害を及ぼす病気を撲滅しようと農学者の意見を求めていたりする間の彼女の気晴らしだった。人間は、庭仕事も政務も同じようにこなせるわけではない。それぞれの得意分野があるのだ。

最愛の伴侶を失って悲しみにうちひしがれたルイ十五世は、もはや情事にそれほどの意欲をみせなかった。もちろん、無垢の乙女の胸に載せた苺を賞味するのは相変わらずであり、王と親しくし、なんとか王の好意を引きだして利用したいと思う女性はたくさんいたから、そんな女性たちと関係をもつのをやめたわけではない。しかし、心はそこになかった。そのうえ気がふさぐことが続いて、心も体も疲れていた。六十近くなって、まだまだ元気だと自分に言い聞かせていたが、心の奥底では、愛の武勇伝の数々が今はもう思い出の箱に収められて、完全に過去のものになろうとしているのがわかっていた。

ちょうどその頃ヴェルサイユを次々に襲った出来事で、王はますます意気消沈していた。一七六五年十二月二十日には、三十六歳の長男を失った。王の退廃的な暮らしぶりを非難する息子だったが、王はとてもかわいく思っていた。猫は犬を生まないというが、ルイ十五世と王太子ルイ・ド・フランスの親子はその反対で、まるで似ていない親子だった。またその数か月後、義理の父にあたるポーランド王スタニスワフがリュネヴィルの城館で世を去った。確かにスタニスワフは九十歳近かったから、その死はなんら意外なことではなかったが、ルイ十五世を悲しませた。そして次の年、嫁である王太子妃も王太子のあとを追った。夫を愛情こめて看病し、同じ病気に感染したのだった。

「そのジャンヌという娘は王妃より美人か」ルイ十五世はもう一度尋ねてほほ笑んだ。ずっと以前から、臣下にすばらしいと称賛される女性たちのようすを訊くとき、王はいつもそう質問したものだ。そのときは一七六八年で、王は五十八歳になっていた。一方のジャンヌは二十五歳。快活で非常に美しい娘だった。明るい顔色、青い目、長い金髪、官能的で誘うような口元、すばらしい胸、小柄でほっそりした体つき。何も欠けるところなく、それらが見事な均衡を保っていた。そのうえ、話せば面白く、なかなか鋭い知性も持ちあわせている。それになにより自由奔放だった。ジャンヌは若さと幸福感そのもので、もうそれだけで王を魅惑するのに十分だった。「これが最後の恋の病となるだろう」彼女を目にしたとき、王はそう悟った。

ところが、ここでいささかやっかいな問題が浮上した。この女性の評判たるやすさまじいもので、世界で一番古い職業、売春婦あがりだというのだ。風刺作家たちは大喜びだった。

フランスよ、それがお前の運命か
いつも女の言うがまま
処女のおかげで救われたのに［処女とはジャンヌ・ダルクのこと］
売女のために滅びそう

詩だけでなく歌も作られた。

なんてこった、不良娘が現れて
すごいぞ、お城で王様と寝てるそうだ
なんていい子だ、おちゃめな目つき

なんていい子だ、わざありで、すけべな爺さんしゃんとする

実際、ジャンヌ・ベキュは自分の魅力を利用して稼いでいた。しかもかなりの金額をだ。彼女の愛人であるジャン（＝バチスト）・デュ・バリー伯爵によると、ジャンヌはときどき体を売ることもあるが、借金を返すためのやむを得ない範囲でしかないそうだ。だが、そんなことをいうのはジャン・デュ・バリーだけだった。黒を白と言いくるめるこの厚顔な男は、トゥールーズの貴族で極道者《ルエ》とあだ名されていた。

本当のところジャンヌはその世界ではよく知られていた。彼女は母親と同じく初めはお針子だったが、当時パリでもっとも成功していた女衒、マダム・グールダンの目にとまり、顧客向けにマノン・ランソンと名乗って、パリの名士たちの間で人気を博していた。裕福な紳士たちは競って、自分は処女だと主張する悪魔のようにこの美しい娘をものにしようとした。その後、マノン・ランソンはランジュ嬢と名前を変えた。オルレアンの聖処女《サント・ピュセル》ジャンヌ・ダルクならぬこの処女《ピュセル》ジャンヌは、ずっと誰かの愛人となることを拒んできたのだが、ここに来てデュ・バリーの提案を受け入れ、彼の共犯者、助言者かつ愛人となっていた。

ルイ十五世の侍従長ルベルが、王の質問に答えてジャンヌが「王妃より美しい」と答えたのは、誇張でもなんでもなかった。そもそもルベル自身、その造形美を外形から鑑定するだけでは満足できなくて、より確実な評価をくだすために、彼女を実際に味わってみて気に入ったのである。こうした毒味は、この時代の宮廷では別にめずらしいことではなかった。

ヴェルサイユでは王を守るためにはなんでもした。後述するダミアンという男がナイフでルイ十五世に切りかかった事件はまだみなの記憶に新しかったが、もっと恐れられていたのは毒で、王に毒を盛る方法はいろいろあった。有害な物質を含む料理を食べさせるだけでなく、性病持ちをベッドに送りこむことも一種の毒である。不測の事態に備えるため、ルベルには王のもとに参上してくる女性たちが健康であるかどうかを確認するために、実際に試してみることができるという特権があった。彼はときに食べ物の毒味もしたが、こちらはそれほど頻繁ではなかった。

ルベルは慎重な男で、そんな仕事で命を落としたくないと思っていたので、まずは補助役に試させた。数日して化膿やただれといった性病の症状がその男に出なければ、本人が改めて味見をする。その際には衛生的な面だけでなく、その女性が要求される能力を持っているかどうかも調べる。場合によっては王がベッドのなかでどんなことをしたり、見たり、聞いたりするのが好きかをそっと教えることもあった。

さて、王は侍従長が運んでいったプレゼントをさっそく開いて楽しみ、翌朝すぐに、大いに満足したことを表明した。さまざまな相手を知っている王だが、今回は驚いていた。ジャンヌは王が今まで想像もしていなかったような歓びを教えてくれたのだ。ルベルはこう答えたらしい。「陛下は娼家へいらしたことがありませんでしたから」。王はこの新しい女の魅力にすっかりまいってしまった。王は彼女をヴェルサイユに住まわせ、いつもそばにおこうと考えた。

ところで、ジャンヌはまだ独身だったが、それは宮廷の流儀に合わない。そこで王は、ジャン・デュ・バリーの弟ギヨーム・デュ・バリー伯爵と結婚させることにした。ジャンにはすでに妻がいたからだ。ジャンヌ・ベキュはジャンヌ・デュ・バリーとなり、夫となったギヨームのほうは契約で、ただちに遠方へ立ち去ることになった。こうして「伯爵夫人」となったジャンヌは、とうとう宮殿のなかに自分の御座所を持てるようになった。

彼女にとってはいいことずくめだった。ルイ十五世は、彼女に城館、貴金属、巨匠の名画、大量の金銭などをふんだんに贈った。年に百二十万フランを受け取れるようにもしたが、これはひと財産といっていい額だった。王はさらに、プチ・トリアノンを使うように言った。プチ・トリアノンはポンパドゥール夫人の希望で建てられたが、彼女が完成を見ずに他界してしまったため、そのままになっていたのだ。

ジャンヌは大喜びでこの提案を受けたが、宮廷が動揺した。これ以後ショワズールの怒りがおさまることはなく、王の娘である王女《マダム》ルイーズもヴェルサイユを去り、父親の魂の救済を祈るためにと、カルメル会の修道院に入ってしまった。多くの人が、これではろくなことにならないと感じていたが、間違いではなかった。

プチ・トリアノンの庭園は本当に見事である。しかしジャンヌはあまり興味を示さなかった。彼女は花は花瓶に、庭師は庭にいるほうを好んだ。新居の高価な敷物を泥のついた靴で汚すなど考えられないことだった。逆にいえば、数年後にそこの住民となったマリー・アントワネットと違って、植物園をいじって秩序を乱すようなことはしなかったといえる。

彼女は、めずらしい植物を集めた植物園が王にとってどれほど大切かを理解していた。ジャンヌの一番の関心事は、王の欲求が満たされるようにすることであり、何につけても王の意向に逆らうことのないよう気をつけていた。王を喜ばせるためにあれこれ指示して、よりくつろげる場所の演出に心を砕き、壁面や天井も堅いとはいいにくい絵画で飾らせた（とはいえ、どれも才能ある画家の手によるものだった）。ジャンヌは食事にも気を使った。王の食卓には消化がよくて精のつく料理が載るよう注文し、王に、雄鶏の睾丸やとさかを赤ワインで煮た料理を食べるようすすめた。催淫性があると信じられていたからだ。

一方で、ジャンヌに対する周囲の反感は高まっていた。宮廷の婦人たちは彼女を無視するか、あるいは味方と思われるのを避けるといった行動に出たし、王家の人々はショワズールを中心に団結し、寵姫の思いを封じようとした。特に激しい敵意をみせたのはルイ十五世の娘たちだった。父王へは深い愛情を持っていたが、いくら父が気に入っているとはいえ、売春婦が宮殿にいるのは耐え難かったのだ。ショワズールもまた憤慨していた。自分の妹を王の寵姫にと願っていたのだから、なおさらだ。うまくいけば自分も王の身内になれるという究極の夢は、ジャンヌのせいで消えたのだ。

その後しばらくすると、状況はジャンヌに有利に展開しだしたかに見えた。というのも、ヴェルサイユに出入りしていた貴族たちは、王の恋がかりそめのものではなく、長続きする真の情熱によるものだと気づきはじめたのだ。彼らはジャンヌにほほ笑みかけたり、彼女が通るときに頭を下げたり、彼女からの食事の招待状を待ち焦がれるようになった。

だが、そうなってもジャンヌのほうは少しも変わらず、以前からの習慣もそのままだった。

大声で話し、下卑た表現を用い、車夫馬丁のように口汚くののしった。それだけでなく、御座所のなかを裸かそれに近い格好で歩きまわるのが相変わらず好きだったので、召使たちを大いに楽しませはしたが、宮廷人たちの嫌悪と怒りをかきたててしまった。

それでも王はご満悦だった。ある朝、めくるめく夜の後、王が隣で眠っているジャンヌをやさしくみつめていたとき、召使がやってきて接見の約束があったことを思い出させた。ラ・ロッシュ＝エモン枢機卿が教皇大使とともに、もう到着しているという。すぐに入るように命じられたので、彼らはおそるおそる王の閨房に入って、王の前でうやうやしくおじぎをすると、訪問の目的を告げた。王はそれを注意深く聞いていたが、そのときまた召使がやってきた。公証人が、重要かつ緊急の書類に署名をもらうため、すぐに王に会いたがっているという。

こうして三人はベッドのそばで王と話すことになったが、ベッドのなかにいるジャンヌをあえて見ないようにしていた。彼女はこの珍妙な状況をしばらく面白がっていたが、やがて飽きてしまった。布団から抜け出し、三人の訪問者があっけにとられて見ている前で、一糸まとわぬ姿で部屋を横切った。そのまま扉のところまで行ったと思うとさっと向きを変え、彼らのほうに手をさしのべて愛想よくあいさつをしたのだ。間違いなくこの接見は、彼らにとって忘れることのできない、感動的な思い出となったことだろう。

ジャンヌ・デュ・バリーの羞恥心のなさは知れわたっていた。とりわけ庭師たちが、彼女の癖を無視したはずはない。賭けてもいいが、ジャンヌがプチ・トリアノンに滞在した期間、窓近くに植わった植物は必要以上に水やりをされていただろう。実際、当時の庭師長クロード・

リシャールは、庭師たちが刈りこみの必要がまったくない枝を刈り込みたがるので、何度もどやしつけなければならなかったようだ。

　宮廷でも一部の人々はジャンヌに親しみを感じるようになり、彼女の性格にも慣れて彼女を受け入れるようになったのだが、ショワズールは決して譲らず頑として敵対し続けた。彼に言わせれば、ジャンヌは諸悪の根源だからだ。彼はジャンヌの悪口や噂を言いふらしたが、王は耳を貸さなかった。ショワズールは一方的に激しい攻撃を続けたかえって勝ちを相手にゆずってしまった。結局彼は追放され、ジャンヌはもう彼の愚弄嘲笑に苦しまなくてすむことになった。

　ショワズールは再びペンを取る。

王様ばんざい、愛がなんだ
あいつに一杯食わされた
あの図太さにはお手上げだ
デュ・バリーは俺にそっけない
さあ、運命を変えるだ
かつては幸運も売女のおかげだったが
やつらのせいで失脚だ

もはやそれだけでは満足できなかった。ショワズールは聞いてくれる相手をみつけては、王の寵姫は「好きもの」の団体を作ったが、その団体には色欲への恥ずべき愛好癖を示した者だけが入会できるそうだ、そして、その団体は微妙な位置にでっぱりが二個ついたきゅうりをシンボルとしている、などと言いふらした。もちろん嘘だ。だが、中傷して、中傷して、中傷し続ければ、必ず何かしらが残ることになる。

ショワズールの追放は、ジャンヌ・デュ・バリー伯爵夫人の威力をみせつけることになった。それ以後、ジャンヌに対抗する者は彼女からの批判を受け、王の不興も買うことになる。マリー・アントワネットもルイ十五世に対するデュ・バリー夫人の影響力が強まっていることと、王が彼女にかなり気ままな振る舞いを許していることに驚いている。ヴェルサイユに到着してから数か月後、未来の王妃は母への手紙にこう書いている。

王様は私にとてもよくしてくださっています。私のほうも王様をお慕いしていますが、それは王様がデュ・バリー夫人に弱みを握られておいでなのが、お気の毒だからです。

マリー・アントワネットとジャンヌ・デュ・バリーは激しく憎み合っていたので、ジャンヌの権勢はまさに王が死去したその日に終わりを告げた。パリでは民衆が大喜びしている一方、マリー・アントワネットはジャンヌの心痛を慰めるようなことは何ひとつしなかった。あくまで亡き王から遠ざけようとだけした。デュ・バリー夫人は追放された。新しい王妃となったマリー・アントワネットは、プチ・トリアノンを居所に選び、さっそく不適切だと判断した絵画二点を、他のものと取り換えさせた。そうして、前寵姫が住んでいた建物におさまったのだった。

第16章　デュ・バリー夫人の放蕩

放蕩な王のひとりであったルイ十五世は、ヴェルサイユに退屈していた。大起床の儀を終えて娘たちをともなってミサに出たあとは、靴脱ぎの儀から就寝の儀まで、ヴェルサイユの毎日は堅苦しく不自然で、死ぬほど儀式づくしだったからだ。ポンパドゥール夫人もリュツェルブール伯爵夫人への手紙でこうこぼしている。

あなたは私のお仲間をご存じかしら。私が軽蔑し、向こうは私を嫌っている人たちよ。あの人たちのおしゃべりを聞いていると頭が痛くなる。見栄っ張りで、えらそうで、嘘つきなんだもの。今になってわかったのだけれど、王様たちも他の人と同じように泣くことがあるのよ。私もよく泣いています。どんな気まぐれでこんなところに来てしまったのか、どうしてここにいるのかって。昔アフリカにあったモノモタパ国の王様は、いつでも笑えるように、どこにでも五百人の道化を連れていったんですって。ルイ十五世には五百匹のサルがいて、お目覚めのときから一日じゅう王様を見張っているけれど、ちっとも楽しませて差し上げることはないわ。

寵姫ポンパドゥール夫人の死後、王がふさいでいたこともあり、宮廷の雰囲気はいっそう沈鬱になった。もっとも気の毒なのは王妃マリー・レグザンスカだった。裏切られて、屈辱を受けて、まるで死んだような日常に閉じこもっていた。どんな陽気な人間でも、それを知ると気の毒に思ったという。ヴェルサイユに立ち寄ったカサノヴァが語っている。

フランス王妃に会ったが、化粧気もなく、大きな頭巾をかぶり、年寄りくさく、信心で凝り固まったような印象だった。王妃はテーブルに新鮮なバターが載った皿を置きにきた修道女ふたりに礼を言って席に着いた。そこへ十人か十二人ほどの廷臣たちがやってきて、テーブルから十歩下がったところで半円になって控えた。それで、私も一同と一緒にじっとおし黙った。

フランスのファーストレディーが、黙りこくって夕食をとる老女だったとは、ぞっとする話ではないか。

王はといえば、これまた不機嫌で体調も悪く、疲れ切っていて、声をかけても不平不満しか返してこず、どんな小さな改善案にも興味を示さなかった。「またか」「それがどうした」と、相手を手の甲で払いのけてため息をつくだけだ。新しい大臣が任命されたときにも、しらけた調子で御宣託を述べるだけだ。「あいつもほかの面々と同じだ。自分の政策を並べたて、世にもすばらしいものを約束すると言っているが、どうせ何も起こりはしないのだ」。これほど鬱々とした王の気を晴らすことができるのはポンパドゥール夫人だけなのに、彼女はもういない。ポンパドゥール夫人がいなくなると、活気までもが宮殿を去ってしまった。

王は相変わらず何人もの娘を相手に楽しむことはあったが、腰の最後の動きが止まるとともにまた無気力に落ち込んだ。たったひとつの気晴らしは狩りだったが、は刺激を求めて日ごとに残酷さを増したので、獲物ばかりか従僕たちも疲弊させた。生きとし生けるもののうちで、王に大事にされたのは犬だけだった。王は自分の悲しみを犬と分かちあっているかのようだった。

だが、デュ・バリー夫人が現れてからは、すべてが変わった。このジャンヌは、もうひとりのジャンヌ、ジャンヌ・ド・ポンパドゥールのような才能と知性には恵まれていなかったが、王をセックスの後の無気力から引き戻すにはどうすればいいかを心得ていた。ただ、お膳をもう一度据えればいいのである。また、ポンパドゥール夫人がインテリで芸術家肌だったのに対して、デュ・バリー夫人の美的センスは、もっぱらセックスがらみで生かされた。王をほほ笑ませることができるのはサイコロや彗星の活動ではなく、女たちだということを知っていた。六十の男、それも、四十年以上を放蕩のうちに過ごしてきた男の性欲を奮い立たせるには想像力が必要だったが、大変幸運なことに、彼女の想像力は実に奔放だった。

この「かわいい女」は非常に美しく、とりわけ献身的で、全身から愛を、というよりエロティシズムを発散するような存在だった。「彼女は実に色っぽくて、一目見るなり胸元をぐっとつかまれる」と当時『手書きのニュース』といわれた秘密新聞に書かれている。ため息は歓びの吐息に聞こえ、彼女の口に入ると、なめられているキャンディーもくわえられたスプーンも、まるでその口に含まれた性器のようだ。目が合っただけで、男は喜んで迎えられていると思ってしまう。まったくもって淫らで、うっとりするほど官能的なのだ。

何を言っても、触れても、動いても、すべてが「抱いて」といっているような、見つめあえばまるで互いがセックスの最中であるような錯覚を起こさせる。そういう女が世の中にはいるものなのである。脱走兵の恩赦を請願に来たベルヴァル伯爵という人は、すっかり魅せられて、訪問の用件を忘れてしまったほどだと証言している。

その人は薔薇の環飾りのついた真っ白なドレスで、大きな肘掛椅子にのんびりと腰掛ける、というよりむしろ横になっていた。今でも目に浮かぶようだ。非常にきれいな金髪で、髪粉も降りかけず、どうしたらいいかわからないという風に、その豊かな髪を惜しげもなく垂らしている。目は青く、やさしさのこもった率直な眼差しをしている。かわいい鼻ととても小さな口で、肌は輝くように白い。誰だってたちどころに虜になってしまうだろう。私にしたところで、見とれてしまって、肝心の請願をうっかり忘れるところだった。

デュ・バリー夫人は気取った女ではなかったうえ、王が楽しむためとあれば、ときにはほかの女に王を譲ることも気にしなかった。宮殿の回廊を行く王が陰鬱な表情をしているのを見るたび、彼女は胸を痛めた。いたずらっぽい調子で「ねえ、フランスさまったら」と呼びかけると、王は一瞬悲しげにほほ笑むが、その笑みもすぐにしぼんでしまった。

そこで、王の気持ちを晴らそうと、デュ・バリー夫人はパーティーを催した。そうした娯楽の催し物は宮殿の近くにあって、お楽しみにぴったりのかわいい宝石箱、プチ・トリアノンで行われた。プチ・トリアノンは前述したように、もともとポンパドゥール夫人のために建てられたもので、その頃は夏の間や週末の住居として、また王が女性同伴で引きこもる場として利用されていた。庭園のなかに立つプチ・トリアノンとパヴィヨン・フランセは、羽目を外して楽しめる愛の巣であり、そこでは何もかもが快楽へと誘いかけていた。

プチ・トリアノンは二〇〇八年になって改修が終わり、再開されて、当時に近い新しさとなった。私はよくそこを散策するが、観光客と違って見学の必要はないので、細部をゆっくりと見ることができる。よく見るとかなり扇情的で、当時の雰囲気を彷彿させるものがいろいろある。確かに改修のせいで、ルイ十五世時代そのままを思い浮かべるには多少の想像力が必要ではある。改修にあたった学芸員たちは、この館に属する家具調度一切を復元しようという方針に従ったので、トリアノンはルイ十五世の時代ともルイ＝フィリップの時代とも異なるものになってしまった。

ここにあるどんな小さなものも見逃さないよう真剣に集中して見学している観光客には、この建物に対する敬意の念しか起こらないだろう。しかし私のほうはそれを尻目にマリー・アントワネット好みの田園風のしつらえの下に隠された、きわどい秘密の仕掛けを見て歩く。すると、まったく違うトリアノン、歓楽のトリアノンが見えてくる。

有名な「薔薇をもつマリー・アントワネット」ではなく、同じ部屋にある別の絵に描かれた、アポロンが触れているダフネの胸やヴィーナスの裸体を見るといい。あの時代は神話もずいぶん淫らだったものだ。思うに、こうした絵は現在の「芸術写真」のようなものかもしれない。裸の女体を堂々と飾り、しかも芸術がわかる人だと言われたいのなら、巨匠の作品を手に入れればよいのだから。

扉のところでは、上部に飾られた「セレスの勝利」や「バッカスの勝利」が肉体とその快楽を礼賛している。こうした絵画からは、ルイ十五世とその寵姫が館中にみなぎらせていた、悪びれることもない官能的な雰囲気が立ち上がってくる。同じ頃、パリでは民衆が飢えに苦しみ、パンを求めていたというのに、トリアノンではワインと王のよみがえった春に酔いしれていた。

二階に上がると、壁を飾っているチャーミングな、そしてエロティックな連想を誘うモールディングに目が惹かれる。それは、王の寝室のすぐ手前にあるドングリ状の木の実をかたどった、かなりリアルな玉《たま》飾りで、閨房に入って素敵なベッドに見とれる前段として、目を楽しませる仕掛けになっている。そのベッドはというと、無邪気な菓子箱のように見えるが、それを囲む重厚なカーテンはなかで行われた数々の秘め事を隠してきたのだ。

乱交パーティーを卑猥な感じにさせずに運営するには手腕がいる。人見知りの人にはためらいを捨ててもらい、好色な人には少し落ち着いてもらう。ジャンヌ・デュ・バリーにはその才能があったのだと思う。彼女にかかれば、いつも結局はベッドへと誘われることになるのだ。

晴れた日などは、田園風の庭園で目隠し鬼をしようということになった。新入りの美人がきっちりと目隠しされて、仲間たちを捕まえようと探し始める、ところが、茂みの曲がり角で狼に会うこともあれば、まさに人間の胴体に付けた木の棒を手探りするはめになって、すっかり興奮してしまうこともある。落ち着くにはパヴィヨン・フランセで供されるオレンジエードが一番、と飲みに行くのだが、そのオレンジエードが先ほど庭で腰を抱きしめた相手との仲を取り持つ仕掛けになっている。コンサートも、招待客たちがゆったりとして、よりロマンチックで大胆な気分になれるような趣向だ。

夕方ともなると、外気がひんやりしてくるので、一同は室内に入ることになる。そこでデュ・バリー夫人が食事を出すよう命じるのだが、料理にもいちいち連想をかきたてる名前がついているので、男性客たちは「淡水魚のワイン煮（マドロスダンスの意味もある）フィナンシエールソース」や「子ウサギのソテー（跳躍）トリュフ添え」や「小鳩のゴーティエヒキガエル風」を大いに味わいつつ、マドロスダンスだのウサギの跳ねる様子だの、小鳩に覆いかぶさるヒキガエルだのを頭に描いて、隣のほれぼれするような女性にはどの手で行こうかと夢想しはじめる。ワインも手伝って段々遠慮もなくなってくるが、もちろんそれが歓迎されていない様子はない。

王がときおり気まぐれに立ち上がって手ずからコーヒーを入れる頃には、夜会はすっかりだらけている。デュ・バリー夫人がここで主導権をとって王の膝に乗ると、王は愛人の胸にまさるデザートはない、と言う。王たちの手本にならってカップルができはじめ、身を隠そうなどということは誰もしない。もう公爵も伯爵夫人もなくなって、手と腰と腿と尻の絡みあいがはじまり、家柄も何も関係なく抱き合う。プチ・トリアノンにはマリー・アントワネットの兄弟姉妹を描いた「混乱のパルナッソス山」という題名の絵があるが、こちらの情景こそその名にふさわしいと言えるだろう。少しは羞恥心の残っている人々は二階の小部屋か、表向き王女たちの寝室ということになっている部屋に引きこもる。翌朝になって目覚めた人々は、前の晩に何をしたのかはっきりわからないままに、「激しい羞恥心」に襲われる。そして、このことは絶対に秘密にするよう相手に約束させて、別れていくのだ。

しかし、もっとも熱しやすい人や、反対に冷静な人は性の饗宴がすぐ嫌になる。そこでデュ・バリー夫人はメンバーを慎重に選んだ。称号や肩書きでなく能力によってである。昔ランジェ嬢という名でならしたデュ・バリー夫人は「その世界の女」、つまり売春婦をたくさん知っていたうえ、宮廷に入ってからは、ボランティアのなかなか腕のいい伯爵夫人を何人か見つけていた。

夜の集まりは限られた内々で行われるようになった。女性たちはネグリジェなどのしどけない格好をしたうえ、隠れた才能をほめてもらおうとテーブルの下で励み、殿方は股の間に寄せられた唇が誰のものだかあてようと賭けをする。負けた者には罰があるのだが、少しも嫌そうではない。ひとりの悪知恵の働く女が、女性が喜ぶ遊びを提案する。くじ引きをして負けた者は見ていなければならない、というものだ。そこで、手が早い伊達男が色っぽい女にテーブルから離れるように命じると、それを合図のようにみんな立ち上がり、追いかけっこが始まる。一同は最上階へ行く。そこにある複数の小さい通路やごく狭い部屋でお互いに捕まえあったり、またがったり、縛り付けたり、観察しあったりするのだが、この魔法の屋根裏には、鏡や洋服掛けがある隠れたコーナーもたくさんある。こうした、明らかに十八世紀のピープ・ショー(のぞきからくり)だったものを、今日、見学者が困惑しながらも取り澄まして凝視しているので、私はそれを見ていつも笑ってしまう。

さて、一同は最上階での遊びに飽きると、二階に下りて立派な肘掛け椅子で休むが、そうするとすぐその足下に置かれたスツールに座った若い娘がもう一度男たちを奮い立たせようとする。さらに味を加えるため、真夜中頃になると、デュ・バリー夫人が手をたたいて使用人を呼び入れる合図のベルを鳴らさせ、それから仲間をサロンに集める。サロンの中央で、夫人は王を喜ばせるための贈り物を開いてみせる。新人の十六歳の娘だ。絵に描きたいほど美しい。王は夫人の細やかな心づかいに感動して、他の面々がおこぼれに預かるまえに、自らその娘を試してみるのだ。

ヴェルサイユのなかでも特にこの愛の地区には、当時作られた秘密の仕掛けがたくさんあって、現在でもルイ十五世のお楽しみのための小道具が残っている。建物と建物の間を結ぶ地下の採光換気口は、王が寵姫の目を盗んで一夜の美女と会うために、パヴィヨン・フランセに行けるようになっている。壮麗な曲線や色大理石でできた八角形のサロンが中央にあり、それを取り巻く小部屋や、皿をあたためるための部屋(レショッフォワール)という素敵な名前のついた一角がある。もっとも、王は彼女と戯れるのに庭園の木々の葉陰を利用することもあった。もちろん、トリアノンにおけるこうした乱行の記録は保存されていない。そのようなことは決して行われなかったという見解もある。それでも、あるひとつの夜会は後世に名を残している。

一七七〇年六月のある夜、デュ・バリー夫人と仲が良いヴァレンティノア侯爵夫人が、夕食会をストリップで盛り上げようという提案をした。なにしろとても暑かったのだ。ルールとして、会食者たちは、ひと皿取るごとに着ているものを一枚ずつ脱ぐ。そして同時に脱ぎ終わった者同士は、何をしようと自由だというのだ。

当時は晩餐会といえば百種類以上の料理が出て、それぞれが自分の好みで料理を取れるようになっていて、すべてを食べることはなかった。そして衣装は複雑で種々雑多なので、それぞれが自分のお目当ての人と同時に脱ぎ終わるように骨を折った。男性はフリルの胸飾り、上着、ジュストコール、ぎっしりボタンがついたチョッキ、絹のストッキングを脱いでいく。デザートを食べたくてかつらをはずさなければならなくなり、はげ頭をさらした食いしん坊もいた。女性は引き裾、ペチコート、アンダースカート、胴着などを脱ぐ。自然がくれたそのままの姿になると、得をする者もいれば損をするものもいた。そうして結局全員が裸になった。

その夜、主催者のヴァレンティノア夫人は、最後の品であるサクランボのコンポートが出たときに七人の男性と同時に脱ぎ終わったので、その全員に極上の肉を振る舞ったということだ。翌日、その話は全ヴェルサイユの知るところとなり、若い王太子妃マリー・アントワネットはひどくショックを受けた。ひょっとして、招かれなかったのが悔しかったのだろうか？

第17章　梅毒と痘瘡

一七六八年には、忠実な従僕ルベルが、あふれんばかりの秘密を道連れに、ルイ十五世をひとり残してこの世を去った。私は彼の死因が何であったか知らないが、七十二歳という年齢からすると、この献身的な従僕の命を奪ったのが性病であった可能性は低いと思う。だが、王はそうではないかと疑って心配した。長年にわたって親しい秘密を共有していた男がいなくなったことが、少々悲しくもあった。

ルベルは王が放蕩をするときの相棒であり手下だった。自分の手首に紐を結びつけて、その端を直接王のベッドのところにまで伸ばしておき、夜中に王がいつでも彼を起こせるようにしていたふしさえある。ルイ十五世は気まぐれと同時に臆病でもあったから、こうした特権を乱用するとともに、この紐を通してふたりの運命がつながっていると感じていたのだろう。悪夢を見たとき、急に女が欲しくなったとき、あるいは単に従僕が飛び起きるのが面白くて、たびたびこの紐を引っ張ったであろうことは、容易に想像できる。

ルベルの死で、もうひとつ別の問題が起こった。この先、新しい愛人を誰が毒味するのか。

デュ・バリー夫人は大喜びだった。鹿の園は廃止され、レベルは墓のなかにいた。これで王が彼女だけのものになるのは確実だ。もし、相変わらず危ない色事に熱中するなら、病気が怖い。当時梅毒（グラン・ヴェロール）と疱瘡（プチ・ヴェロール）は姉妹と呼ばれて、どんな向こう見ずな男たちにも恐れられていた。それぞれの時代に特徴的な病気がある。十九世紀は結核、われわれの時代はエイズそして、十八世紀はヴェロールだ。諸説あるが、梅毒は古くからあって、アメリカが起源だったのを、コロンブスのアメリカ大陸発見の際、スペイン人がサント＝ドミンゴから持ち帰ったともいわれている。

それはともかく、この病気のせいで中世末からヨーロッパでも、大量に死亡者が出た。パリ議会が、一四九六年三月にブルジョアでない梅毒罹患者は、二十四時間以内にパリを離れないと縛り首に処する、という決定を下したほどだ。十八世紀になって梅毒はさらに富裕層に脅威をもたらした。梅毒にかかったということは、それで死亡してもしなくても、放蕩のしるしである。そういえば、十八世紀の作家ラクロの『危険な関係』に出てくるメルトゥイユ夫人も、ヴェロールにかかって醜くなったうえに、逃走を余儀なくされたのだった。

先ほど述べたように、ヴェロールにはふたつある。ヴェロールまたはグラン・ヴェロールというのは梅毒のことだが、プチ・ヴェロールのほうは性病ではない。これには治療法がなく、害の少ないバチルス桿菌を接種するくらいであったが、これは要するにワクチンの前身である。梅毒は苦痛に加えて、ヒ素や水銀の投与に耐えられさえすれば、必ずしも死に至る病というわけではなかったが、ルイ十五世が恐れていたのは、もちろん梅毒のほうであった。

そのうえ、ルイ十五世は現在いうところの、ヒポコンデリー（心気症）だった。自分は病気だと思うことで病気になってしまうのだ。ルイ十四世時代末期の彼の子供時代、死は常に身近な存在だった。そのうえ、彼自身虚弱な子供だった。幼い頃、親族の死が相次いだ。一七一一年、祖父であるルイ王太子を、一七一二年、二歳のときには両親を亡くし、同じ年にふたりの兄も麻疹《はしか》で世を去った。

幼いルイが生き延びたのはひとえに乳母の心づかいのおかげだったと言っていいが、この乳母はルイに、当時の主要な治療法であった瀉血を施すことを拒否した。その後ずっと続く彼の医者嫌いはこの乳母の影響によるものだ。不幸は叔父にあたるベリー公が馬の事故で一七一四年に他界するまで続いた。そのときルイ十四世は金髪の美しいひ孫、未来のルイ十五世をそばへ呼んで、こういったに違いない。「もう私の家族はお前だけになってしまった」。

虚弱だった子供は臆病で、過敏で、気の小さい大人になった。頭痛がしたり、小さな傷口に壊疽ができたのをみると、すぐに死ぬとわめきたてるし、咳が二日続くと、臨終の秘跡のことを口にした。モリエールの『気で病む男』とは彼のことだ。

このような性格だったので、次のようなおかしな逸話も残っている。ポンパドゥール夫人がヴェルサイユに入ったばかりで、ふたりの関係がはじまって間もない頃のことだ。真夜中、夫人がお付きのデュ・オーセ夫人を起こしに来て、寝間着姿で泣きながら、「王様がお亡くなりになった」と叫んだ。デュ・オーセ夫人も女主人と同様、気をもんだ。というのも、王が寵姫と寝るぶんにはかまわないが、その腕のなかで死んだとなると世間の顰蹙を買うだろう。夫人はそんなことを思いながらアパルトマンへ向かった。

確かに王は目を半分閉じ、手を心臓の上に置いて死んだようにベッドに横たわっている、唇には色がない。デュ・オーセ夫人はアンダースカートからホフマン滴剤を取りだした。ホフマンなどというとなんだか幻想小説に出てきそうな薬だが、それが功を奏して死んだと思った王は生気を取り戻した。ぜいぜいとあえぎながらささやく。「ケネーを呼んでくれ」。

ケネーとは経済学者として有名なあのケネーで、医者でもあったが神父ではない。ケネーは半分寝ぼけた様子でやって来ると、王が新しい寵姫のベッドにいるのを面白がり、ふたりの婦人たちが心配しているのを笑った。というのも、王が「死んだ」のはこれが初めてではなかったからだ。王に近づいて脈をとり、ほほ笑んでから、重々しく病名を告げた。「消化不良でございます」。

こうした病気への恐れは幼年期の事情から説明できるが、また同時に、王が死に対して病的なまでに魅入られていたからともいえる。フランス北部にあるクレシーに向かっているとき、王は墓地にさしかかったところで停止するよう命じた。そして新しい墓はないか侍臣を探しにやった。戻ってきた侍臣が最近埋葬された死者が三人いると伝えると、ミルポワ元帥が「陛下に楽しんでいただこうと思ったのでしょう」と言ったので、王は大いに喜んだ。

また、ロゼール県のどこか山のなかで羊飼いの女が何人も殺された、恐ろしいジェボーダンの獣事件のときには、王は詳しい話、特にその「獣」が犠牲になった若い女性たちに加えた性的暴行についての詳細を知りたがった。山狩りが行われて、一七六五年十月に獣が捕まった。

王がそれを見たいというので、獣は身ぎれいにされ、つまり剥製にされてヴェルサイユに運ばれた。それを目にして王は大いに感動し、手元に置くことにした。

数週間後、再び惨劇がおこり、松とブルーベリーに囲まれたほの暗い山中で何人もの女性が殺され、傷だらけで裸にされて頭部を切断されていた。その数は一七六六年には六人、一七六七年には十八人にのぼった。しかし、王はもう獣を手に入れて満足していたので、新しい犠牲者を気にかけることもなかった。最終的な山狩りを組織し、一七六七年に獣を仕留めたジャン・シャストルが、獣の死骸をもってヴェルサイユに参上したときも、王はまったく興味を示さなかった。すでに剥製の獣があるので、臭い死骸は少しも王を喜ばせなかった。

シャストルはヴェルサイユにとどまって獣を公開し、聞きたい人々を相手にジェボーダンの獣の真相を語った。しかし数日後には、ますますひどくなった悪臭が宮殿中に広がったので、王はシャストルを浮浪者扱いして追い出し、獣の死骸は夜のうちに庭園に埋められた。今でもそこにあるはずである。

ルイ十五世にはユーモアのセンスがなかった――ブラック・ユーモアをのぞいて。というのも、王の気に入りの冗談というのは側近たちの死を予言することだったのである。ランスでの戴冠式の際、歴代のフランス国王にならい、重い瘰癧《るいれき》で苦しんでいたアヴェーヌの男に触れ、救ったことはあったが、統治の最後に近づくと、人を救うことよりも、人を葬る予言者として次に墓の主となる人を言い当てることのほうを好んだ。

側近であったデュホール・ド・シュヴェルニーによると、ある朝の引見のとき、王はある四十がらみの男をじっと見ていた。痩せているが若々しく、背は六ピエ［約一九五センチメートル］ほどあった。王は医者のセナックを呼ばせ、「この背の高い男をよく見たまえ」と言った。医者がその通りにすると、王がまた言った。「顔の色を見たか、黄疸が出ている。肝臓が閉塞症でうっ血しているのだ。あと一か月も生きまい」。その予言が正しかったかどうかは書かれていないのでわからないが、その男が激しい恐怖を味わったことだけは確かだ。

また別の日、王の公式晩餐会に招待客のひとりが現れないので、王は驚いていたが、その客は死亡したのだと聞くと「余が言った通りになった」と言った。そして、居並ぶ貴族たちを見回し、ブロリー司祭に笑みを浮かべながら声をかけ、こう宣告した。「次はそなたの番だな」。

これから述べるダミアン事件以降、気で病む男とパラノイアの掛け合わせがおこった。王の命をねらっていたのは、ばい菌や感染症、その他の流行病だけではなかった。王はフランス国民にもねらわれた。これはなにも目新しい事態ではなく、ポンパドゥール夫人が公認の存在になって以降、寵姫による国家財産の浪費を非難する国民の怒りの的となっていたばかりか、聖職者の反感も買っていたのである。

たとえば、一七五六年にはヴェルサイユのジェズイットたちはこんなメモも受け取っていた。「神父様がた、アンリ三世とアンリ四世を滅ぼすことができたみなさま。みなさまのなかに、われわれをルイとあの娼婦から解放してくださるジャック・クレマンかラヴァイヤック［それぞれがアンリ三世と四世の暗殺者、宗教家］はいらっしゃいませんか」。その手紙には脅すような調子があった。

数週間後、恐れていたことが現実になった。明けて一月五日、王はトリアノンへ行こうと宮殿を出たが、衛兵の間の、下で馬車が待っている外階段のところでダミアンという男に襲撃される。ダミアンは王を取り囲んでいた衛兵、侍臣、アヤン公、王太子、スイス兵の隊長の警護をかわし、突き飛ばし、すり抜けて王に近づくと、後方に回って脇腹の左側の心臓から遠くないところを刺した。凶器はポケットナイフだった。王が「刺された」と叫び、衛兵はすぐさま悪者を追いかけた。

王はもう地獄の入口まで来ていると信じこんで、終油の秘跡の手配まで命じた。ナイフのたったひと突きでこの騒ぎだった。確かにぐっさりと刺さったように見えたが、厚着だったので、実際には着ていた服をやっと通ったくらいのことだった。ところが、王が暗殺されたという知らせがすぐさま駆け巡った。大喜びする者もいたが、とにかくルイ十五世本人(!)やポンパドゥールを夫人はじめ、みながそれを信じてしまった。手燭をかかげ、涙を浮かべて茫然自失という態の宮廷人たちが、王を取り囲んでいる様子は通夜そのものだった。この勘違いの危篤から理性を取り戻させたのは、経験豊かな軍人ド・ランズマス氏の良識だった。その際のやりとりを、カンパン夫人が回想録に書いているが、なかなか面白い。

「陛下、お傷はたいしたことありません。上着やチョッキをたくさんお召しになっていらしたから。ご覧ください(と傷を指差して)これだけです。私は三十年間、このくらいの傷はしょっちゅう負ってきました。さあ、大きく咳払いをなさってください。そしてこんな傷は気になさらないことです。何日かしたら、また鹿狩りにご一緒いたしましょう」

王は言われた通り弱々しく咳払いをした。それからまだ青ざめたままで訊いた。

「だが、刃に毒が塗ってあったかもしれないではないか」

「ご心配無用です。その場合でも、上着やチョッキがその毒を拭き取っておりますから」

それを聞いて、王は安心してぐっすり眠った。しかし、それから数週間は完全に回復したことを認めなかった。いかにも重病人のように、ぐったりと青い顔で衰弱した様子をし、引見もナイトキャップに寝間着姿で行ったうえに、杖までついていた。本当のところはおそらく、王の自尊心が、ナイフで刺されたよりもっと深い傷を負っていたのだろう。ダミアンを重く罰するまではその傷は癒えなかったようだ。

復讐の甘い果実は同じ年の三月にたっぷりと味わわれた。ダミアンは処刑の日まで衣服をはがれて五十七日間も、ざらざらした金属のベッドに縛り付けられていた。処刑の朝、上半身を赤く熱せられたやっとこでしめつけられ、手には溶けた鉛が垂らされ、それから五時間にわたって手足を四方に引っ張られた。それだけ頑丈だったのだ。最後には処刑人らも気の毒になって、これ以上苦しみを長引かせないよう、なたで手足の関節を切らせてくれないかと申し入れた。だが、その要望は入れられなかった。処刑を見物していた女たちは、叫び声を上げながらも夢中になって、もっともっと苦しむのを見たいと願うのだった。王は、あとになって虐待じみた処刑の様子を知りたがったが、報告を聞くとただ「とんでもない女どもめ」とだけ言った。

王の怒りは収まったが、この事件による影響は長期にわたって続いた。警備は以前より厳重にはなったが、何度も身の危険を感じることがあった。というのは、どんな優秀な衛兵も守りきれないものがあったからだ。老い、そしてそれに伴う死である。時が経つにつれて、王は不吉な予言を自分自身に向けて発するようになった。ダミアン事件の年には四十七歳だったが、その時代は、人はそのくらいの年齢になると、自分が何で死ぬか漠然とでも分かったものだ。その後デュ・バリー夫人が現れて、若さと健康で王を墓場から遠ざけるかにみえたが、それも長くはもたなかった。

王には、死神がどんな顔をしているか分かっていた。大きいほうのヴェロール、つまり梅毒だ。放蕩の罪を犯したものは、罰せられなければならない。王は不安にさいなまれながら、病気が彼を迎えにくるのを待っていた。

歴史の皮肉と言おうか、一七七四年四月のある晩に、彼を迎えにきたのは大きいほうでなく、小さいほうのヴェロールだった。狩りからの帰り道、王は葬列に出会った。そんな趣味はちょっと病的な人か、かなりの年寄りでなければありえないのだが、死体に目がなかった王は棺に近づいた。棺のなかには疱瘡で死んだ十八歳になったかならないかくらいの少女が横たわっていた。梅毒と違って疱瘡は空気感染する。王は死体を見つめ、息を吸い込み、そしてため息をついた。それが、滅びの天使との出会いだった。

数日後、初期の症状があらわれた。デ・カー公爵の回想録によれば、

プチ・トリアノンでのことだ。王は狩りから戻られて、いつものように食事を済ませ習慣になっているゲームに加わっておられたが、突然、玉葱の匂いがすると不愉快そうにおっしゃった。耐えられない匂いだから、台所へ降りていって鍋の中身をどこかほかへもっていかせるように、と私に命じられた。

デ・カーは台所へ行ってみたが、何もみつからなかった。そしてその晩は、それが最後となった王の淹れてくれるコーヒーを飲んでから休んだ。夜中になって、王の容態が悪化し、トリアノンから動けなくなった。医者が大勢集まったが、梅毒だと思った者が多かった。初期には症状がよく似ているし、王はあれだけ放埒だったのだから当然のことだ。大勢いた医者もこぞって匙を投げた。

デュ・バリー夫人は付ききりで看病した。額の汗を拭きとるだけでなく、何度かは、危ない病気にかかった王にキスさえした。この変わらぬ献身的な態度は、おそらく愛ということで説明がつくだろうが、もちろん損得の計算があったことも間違いないだろう。王がいなければ、デュ・バリーは何者でもない。彼女にはわかっていたのだ。宮廷には軽蔑され、国民には嫌われ、王太子には憎まれている。王が息をひきとるやいなや、自分はいかがわしい女として追い払われるだろう。まだ残っているわずかな希望といえば、王に乗せて、いや、今度は遺言状に

名前を載せてもらうことだけだった。

ヴェルサイユの宮殿にいる廷臣たちは落ち着かない。喜んでいる者も大勢いたが、希望を失って悲しんでいる者もいた。大部分が悲運な事故の野次馬か、瀕死の状態のスターに張り付いているパパラッチのように、どんな情報も聞き漏らすまいとしていた。トリアノンに愛人と閉じこもったまま戻ってこない王の謎の病について、まったくもって馬鹿げた噂や、吐き気を催すような悪質な噂が駆け巡った。デュ・バリーが王に毒を盛ったとさえ主張する者もいた。みなの騒ぎを静めるために、王はまるで死体のようにして、宮殿に運ばれた。ひどく弱ってはいたが、医者の処置に異議を唱えることができるほどには意識はしっかりしていた。

ヒポコンデリーの患者というのはまことに扱いにくい。人痘接種を施そうとイギリスの有名なサットン一族が、王を救えたかもしれないたったひとつの治療薬を納めたケースをたずさえてやってきていたのだが、王は毒かもしれないといって、その奇跡の粉を接種されるのを拒んでしまった。瀉血も行われたが、三度目の瀉血をしようというときになると、これは一般に臨終の秘跡を意味するものなので、王は言った。「三度目の瀉血だと。それではそんなに重病なのか。三度目の瀉血をしたら余は終わりだ。三度目の瀉血はしないでもらいたい。なぜ三度目の瀉血なのだ」

幸いにも、ルイ十五世は重病であることを恐れるあまり、外科医の姿を見ただけで気を失ってしまったので、医者は心おきなく瀉血することができたのだった。四月三十日に最初の赤斑が現れたとき、ヴェルサイユはパニックになった。みな伝染を恐れたのだ。影響を受け易い人は、感染してもいないのに想像で発疹が出た。運の悪い五十人ほどは実際にかかってしまった。廷臣たちは逃げ去って、宮殿は空になった。残ったのは、失うものは何もないデュ・バリー夫人と王女たちだけだった。

五月四日、王はついに降参して自分の現状を認め、デュ・バリー夫人に、彼女がまだ健康であるうちに、そして彼がまだ醜くならないうちに遠くへ行くよう頼んだ。寵姫は王の思い出だけを持って、ただちにヴェルサイユを去り、二度と戻ることはなかった。

おとぎ話の宮殿は野獣の巣窟となった。「ウイユ・ド・ブフ（牛眼の間）」は悪臭に満ち、ハエが舞踏用のホールを占領した。回廊には病人の苦しがって叫ぶ声が響く。宮殿はその主とともに衰退した。王は身内数人に囲まれて今際の際にあった。ド・クロイ公爵が最期の様子を語っている。

野営地を思わせるようなベッドが部屋の中央にあって、カーテンはどれもたくさんの燭台で明るく照らされていた。王の顔はブロンズのようで、かさぶたのせいで大きくなっている。顔をゆがめたり動かしたりすることはないが……なんと言うか、赤銅色で腫れていて、ムーア人か黒人のようにみえる。

遠くでは、黄昏の大気のなかで雷が鳴って、臨終の王を暗闇が包んだ。同じ頃パリでは風刺歌謡作家が戯れ歌の音頭をとっていた。

天の恵みかヴェロールが、
ルイ十五世を葬った
十日のあいだに、小さいほうが
二十年かけて大きいほうができなかったのに

数日後、ルイ十五世は夜のうちに、サン＝ドニ大聖堂へ運ばれた。道々では群衆が「ほうほう」と、獲物を追いつめて犬をけしかけるときのように叫んだ。王が死に、王政も死のうとしていた。

第18章　追いつめられるマリー・アントワネット

義父の膝に飛びのる少女、それはかわいくてほほえましい。だが、少女が十二歳ではなく十六歳になろうとしていて「義理のパパ」がルイ十五世なら、とたんにいかがわしい風景となる。ルイ十五世はこの時期、周囲から死を待たれていた哀れな王だった。廷臣たちは猫をかぶっていたが、内心では「ニネベの終末」が近いことを願っていたし、パリでは民衆がどんなことをしてでも王を破滅させたいと思っていた。

王権末期のヴェルサイユの雰囲気は最悪だ。そこらじゅうで陰謀や策略が渦巻き、デュ・バリー夫人さえもが、（信じられないことだが）自分を第二のマントノン夫人と考えて、王との結婚を画策していた。医者は安心させる発言をするが、王は信用せず、どこへ行っても病気の陰に怯えていた。宮廷が最後の王妃にと考えた女性、マリー＝エリザベス・ド・ハプスブルグ・ロレーヌ［マリー・アントワネットの姉］も王があれほど恐れていた疱瘡にかかった。

そんななかで、マリー・アントワネットは、「少しも物おじせず、まだベッドにいるルイ十五世に半分裸のような格好で甘えた。あれだけ馴れ馴れしくした者はマリー・アントワネットをのぞいていない」と父と娘の間の愛情に詳しいレチフ・ド・ラ・ブルトンヌは語っている。

王が義理の娘の挑発に少なからず興奮したことは間違いないだろう。そして、あちらこちらを見たり触ったりしないではいられなかっただろう。だが、それ以上のことはなかったと私は思う。第一の理由は、ルイ十五世は娘（八人も）をもつ父親だったこと。王は娘たちを大事に思っていて、唯一それだけが王が守り通した人間らしい感情かもしれなかったからだ。そうでなければ、娘のひとりが、王である父親の悪行を贖うため尼僧になってしまったとき、あれほどには悲しまなかっただろう。

次に、若さという点ではデュ・バリー夫人がいて、しかも老いつつある男を「若返らせる」術にかけては、オーストリアから来た小娘よりずっと詳しかったからだ。たとえ「新人」であってもしっかり訓練された鹿の園の娘たちと違って、マリー・アントワネットは、子供の作り方にも、妊娠の避けかたについても無知だったであろう。

それに、「ウイーンから来たロリータ」はそれほど美しくもなかった。特にヴェルサイユに来たての頃はそうだった。ウイーンからつきそってきた大使がいくら「上物」だと宣伝してもマリー・アントワネットは極上の一皿とは言い難かった。個人的には、私も食指は動かない。マリー・アントワネットは、首が太いのに胸が扁平で、まなざしは生き生きとはしているが深みがない。かわいいがそれは若くて金髪であるからにすぎない。

彼女は自分でもすばらしい魅力があるわけではないことを自覚していた。絵に描かれている彼女は、大きな帽子をかぶり、金のかかったエレガントな装いをし、豪華な花々に囲まれ（しかもそのなかには彼女の名前のついた薔薇もあるのだが）ている。そういった技巧のせいでかえって抜け目ない感じの顔や短い首（何年かのちにはギロチンにかけられてもっと短くなってしまった）、そして画家の才能がきわだってしまっている。画家たちはこのかわいい女性を気分よくさせる術を心得ていたのだ。

ところで、マリー・アントワネットのほうは義父の膝の上に何を求めたのだろう。おそらくはやさしさ、そしてきっと称讃。父親の神聖ローマ帝国フランツ一世にはそれを惜しげなく与えてくれる暇がなかった。戦争に出かけていることが多かったうえに、彼女が十歳のとき死んでしまったからだ。彼女を教育したのは、厳格で、非常に多忙なためにいつもうわのそらの女帝マリア＝テレジアだった。

マリー・アントワネットは大勢の姉妹に囲まれて育ったが、みんな彼女よりきれいだった。マリー・アントワネットはねたみ深く、独占欲の強い娘となり、自分を崇めてくれる（自分より）魅力のない女性だけに囲まれているのを好むようになった。十八歳でもう輝きを失った物憂げな寡婦ランバル夫人や、何でもやってくれる、口髭をはやしたド・ポリニャック夫人である。こうしたマリー・アントワネットの嫉妬深い性質は、献身的な母親であったことにも表れている、と私は思う。自分を思うように愛してくれるのは子供たちだけだったからである。

彼女が願うのは、愛されること、大切にされること、気に入ってもらえることだった。だが、宮廷は到着の日からすぐに彼女をなおざりにした。マリー・アントワネットはごく少し、それも不器用にしかフランス語をしゃべらなかった。宮廷のエチケットにかなった話し方もできなければ、ヴェルサイユで喜ばれるような気のきいたことも言えなかった。十二歳年上のデュ・バリー夫人は、彼女に「赤毛」とあだ名をつけて嫌っていたが、デュ・バリー夫人と並ぶと、マリーアントワネットは若いだけの未成熟な醜女でしかなかった。

ヴェルサイユで主導権をとるには、王の寵愛を得なければならず、そのルイ十五世は、性的魅力で虜にしなければならないということが、マリー・アントワネットにもわかっていた。もしヴェルサイユで成功するためのカウディヌスの道、屈辱を忍んでも通らなければならない道が王のベッドの上にあるというのなら、そこを通る覚悟はできていた。そういう理由があって、小起床の儀がすむとすぐに王にまとわりついたのである。

しかし私が思うに、彼女は自分の魅力にあまり自信がなくて、気に入られたいとは思ってもどうすればいいかわからなかったのだろう。現代の言葉でいえば、「アリュマーズ（気を持たせる女）」とでもいったところだろうか。あてがわれた夫は、自分の魅力に関して自信を深めるのには適任ではなかった。ルイ十六世は妻に対しから始まり、どうやって上手にセックスをすればいいのかわからなかったのだ。

彼は、どちらかというとアンリ四世より、女性が苦手だったルイ十三世に似ていた。官能に関して彼の唯一の楽しみといえば食べることだった。彼が食欲を示すのはごちそうの肉だけであって、肉体の歓びではなかった。祖父にあたるルイ十五世はそのことにかなり驚いていた。この放埒な王を理解できなかったかもしれない。

しかしルイ十六世が自分の結婚式の夕食もたらふく詰め込んでいるのを見て、さすがに心配して、いやむしろ面白がって忠告した。「今夜のことがあるから、あまり食べすぎないほうがいいだろう」。未来のルイ十六世はこう答えたようだ。「それはまたどうしてでしょう。しっかり食べるとよく眠れるのですが」と。実際、食事が終わるとこの大食漢は花嫁の手をとって辞去したが、彼女の寝室の戸口で清らかにおやすみのあいさつをして、すぐさま夢の神モルフェウスの腕のなかに落ちてしまった。

新郎が安らかな寝息を立てながら、胃のなかのものを消化している一方で、マリー・アントワネットは屈辱を反芻しながら、ひどい胸やけに悩まされたに違いない。そしてこの屈辱のせいで、彼女も少しは気が利いたことが言えるようになったらしい。翌朝、教育係のゲメネ夫人がやって来て、王太子妃がひとりでいるのを見つけて驚くと、マリー・アントワネットは言った。「フランスの方々が礼儀正しいとはうかがっておりましたが、わたくしはそのなかでも一番礼儀正しいかたと結婚したようですわ。（……）あのかたはわたくしを寝室の入口まで送って、帽子を手にとると、まるでわたくしという人間をもて余していらしたかのように、一目散に行ってしまわれました」。

王太子のほうは、日記に「何もなし《リアン》」と書いてから、狩りに出かけた。昼食のときになっても、マリー・アントワネットの怒りはおさまっていなかった。夫によく眠れたかと訊かれると、ぴしりと答える。「とてもよく眠れましたわ、どなたにも邪魔されませんでしたもの」。王太子は黙って下を向き、さっさとお代わりをしただけだった。

王太子妃の犠牲のもとに「リアン」が毎晩続いた。彼女は期待し、がっかりして待ちくたびれた。未来のフランス王と結婚すれば、愛情と栄光と悦楽が約束されているはずだった。女性の扱いに関してのフランス男の評判からすれば、ラテン系の素敵な王子様が愛の達人であろうと夢見たのも無理はない。

ところが、まだ自分は二十歳前だというのに、若いくせにすでに年寄りのような夫と、夜もただ夕食をとるだけで我慢しなければならない。おとぎ話どころか、ずんぐりした首と太鼓腹をした、プリンスというよりはヒキガエルのような退屈な夫に縛り付けられてしまったのだ。こうした状況を考えれば、彼女が上の世代に色目を使ったのも納得がいく。老いた愛人のほうがだめな夫よりまし、ということだ。

気の毒に。十五歳で欲求不満はつらかっただろう。マリー・アントワネットは十六歳の鈍重な夫の色欲を目覚めさせるため、あらゆる手を尽くした。彼は食いしん坊なので、チョコレートとセロリがたっぷり入った極上のスープを作らせた。これはポンパドゥール夫人の時代から、性欲を刺激する定番料理となっている。そして彼女の夫である未来のルイ十六世も、ルイ十五世が愛人たちとしたように、苺やイチジクといった禁断の実を、自分のふくらみつつある胸の上から食べてくれたらと願った。だが彼はお代わりをして食べても、礼を言ってげっぷをするだけで、妻をひとり残して早々と寝てしまうのだった。

すでに「赤字夫人」とあだ名がついていたマリー・アントワネットは、イベントの力で夫を喜ばせようと、舞踏会やカードの集まりなどいろいろ催してみたが、無駄だった。国庫が空になるだけで、欲望は増すばかり、悪い噂も増すばかりだった。満たされた女であるデュ・バリー夫人は、そのことについて彼女を大っぴらに馬鹿にし、彼女が王太子の弟であるアルトワ伯爵を相手に、夜間こっそりと情熱をなだめていたなどと言って非難した。デュ・バリー夫人に言わせれば「赤毛女」は庭園のボスケのなかでやらせていた、ということになる。また、マリー・アントワネットはよく隠れてパリへ行ってはカード遊びをしていたが、ひどく負けを作ったときなどは、詩人たちが思い切り楽しんだ。

われらの希望、ルイ十六世に
今週みんなが言ったのさ
公現祭のソラマメの、王様くじを当てるより
今夜は王妃に当てなけりゃ

実際、ことは始めからうまく進んでいなかった。フランスとオーストリア間の結婚そのものは一七六四年から決まっていたのだが、それぞれの誰がするかは、偶然にゆだねられていた。どちらの側にも死や暗殺の可能性があったからである。ルイ十六世とマリー・アントワネットは王座につくことが運命づけられたが、所詮チェスの駒であった。王位につけたのは運がよかったからだ。

一七七〇年、彼は生きていて他の王位継承者は死んでいた。彼女は健康で適齢期だった。そこでその年の四月、マリー・アントワネットはまだ見たこともないフランス王との結婚のため

に、まず兄であるオーストリア皇太子フェルディナンドと代理結婚をする。その時代は外国の王女が結婚に備えて、まず新しい地位を得てから旅をするほうが便利なことから、本当の結婚相手の国へ向かう前に、こうした代理結婚がよく行われていた。それから一週間かけて荷物をまとめた後、パリへむけて送り出されたのだ。

ヴェルサイユでの本番の結婚式の当日、まず小さなトラブルがあった。マリー・アントワネットと姻戚関係にあるロートリンゲン家の皇女たちが、地元フランスの公爵夫人たちより先に踊る許可を得たのだ。それが貴族たちの気に入るわけがない。ここからマリー・アントワネットを指す「オーストリア女」という反感をこめた呼び名がささやかれ始めた。そのあと、もっと大きな惨事が起こった。パリで新王太子夫妻の祝賀行事が行われたが、あまりに群衆が集まりすぎて混乱が生じ、ロワイヤル通り《リュー・ロワイヤル》で百三十二人の死者が出た。それに加えて、結婚式の夜には公然の災難ともいうべきものがある。宮廷人全員が薄いカーテンしかないベッドの周囲に集まるのだ。マリー・アントワネットが結婚式について嫌な思い出しかもてなかったことが、ご理解いただけるだろう。

ルイ十五世の死で状況は悪化した。王太子妃マリー・アントワネットは十八歳で王妃になった。「ああ、神様、わたくしたちをお守りください。統治するには若すぎます」。恐怖に震えながらマリー・アントワネットは、ルイ十六世と心をひとつにしてこう表明した。これが夫と心を合わせたはじめての瞬間だった。あれだけ甘えていたルイ十五世の死も、彼女を震え上がらせたにちがいない。次期王となる王太子の夫妻は病室から遠ざけられていたが、噂によると、痘瘡は王を醜くし、蝕んだ。しかも伝染する。これが彼女の希望にとどめを刺した。

夫に打ち捨てられ、裏切られた王妃はフランスの歴史に多い。しかし逆に、夫から最初から性的な関心をもってもらえない王妃、不能だと噂される王、そのせいで少なくとも今のところは子供ができない王夫婦というのは前代未聞だった。前代未聞の事物は何でも宮廷や戯れ歌作りのからかいの的となった。欲求が満たされていないのは仕方がないとして、みながそれを知っているとは。パリでもヴェルサイユでも、フランスのファーストレディー、マリー・アントワネットは、抱いてもらっていないと、みなに言われていた。

王妃という立場は、わずらわしいことばかりだった。夜は遅くまで寒いサロンで、あまりよくわからない言語で話す人たちと居心地の悪いおしゃべりが続き、少しの自由も許されない長時間にわたる身支度に耐え、だらだらと終わりがないかと感じられる夕食の席につかねばならない。毎日変わりばえのしない退屈な一日、それも彼女を苦しめるためにだけあるような儀典にしたがって分刻みに取り決められている。朝は、宮廷のエチケットに従って貴婦人たちが王妃の服を持ってくるのだが、爵位の順に服が手渡されていき、最終的に一番高位の夫人が王妃に服を渡す。高位の婦人たちはわざと遅刻するので、王妃は部屋の中央にたって、人々の前で裸のまま待たなければならない。

敵対する廷臣たちにあっては、彼女は何ひとつとして礼儀にかなったことができないことになる。いやらしい視線を避けるために、フランネルの服をまとって水浴びをすれば、「あのオーストリア女」は上品ぶって滑稽だと言われるし、大好きな薄手のドレスを着て散歩すれば、下品で淫らだと言われるのだ。

純潔なままの王夫婦に対する、少なくとも夫のほうに対する非難はひどくなる一方だった。マリー・アントワネットは母親にせっせと手紙を書いて、夫の冷淡さを訴えた。夫婦が肌を触れ合わすのは、夫が消化不良を起こして夜通し看病するときだけだった。母親のマリア＝テレジアは心配した。王妃の役目は王になる子供たちを産むことだ。だが、今のような様子では、幸せな展開を期待することはできない。初めのうちは娘を励まし、アドバイスしていたが、それはマリー・アントワネットを奮起させる一方で、なんという淫蕩な女性と結婚してしまったのだろうとルイ十六世をおびえさせてしまった。

マリア＝テレジアは堪忍袋の緒を切らし、今度は娘をけなすようになった。王がその気にならないのは、彼女がやり方を心得ていないからだ。母親の叱責に加えて、パリでは王夫婦の不都合をからかう誹謗文書が出回った。特に王太子妃が王妃になって、結婚してすでに何年も経つのに後継ぎに恵まれないことがわかってからはさらに悪質になっていた。

みんな小声で訊いてみる
王はできるか、できないか
悲しい王妃はがっかりだ
立たないいんだというやつも
入れないいんだというやつも

いやいや、長いフルートの
わるいところはそこじゃない
ママン・ムチがいうことにゃ
きれいな水しか出てこない

すっかりまいってしまったマリー・アントワネットは、ある晩夕食の席で、パンを丸めた玉をいくつか、がつがつと盛んに食べている夫に向かって投げつけた。ルイ十六世は驚いて口をぽかんと開け、それから食べ物を飲み込むと、しばらくじっとしていたが、戦争大臣サンジェルマンに、今の妻からの一斉射撃はなんだと尋ねた。大臣は冗談で「火門に大釘を打ち込んで大砲を使えないようにしたらどうです」と勧めた。戦いは水をさされて終わったが、ルイ十六世はついに医者の診察をうけることになった。そして、挿入の際に痛みをもたらす奇形が発見された。一七七四年六月、王はペニスの手術を受けた……が、事態は変わらなかった。

そうしている間、マリア・テレジアはじりじりしていた。このオーストリアの女帝は国政にかけてもセンスがあったが、結婚生活についてもなかなかやり手だった。マリー・アントワネットの兄にあたる神聖ローマ皇帝ヨーゼフ二世を「無気力な夫ルイ十六世にしっかり義務を遂行させる」ため、「房事の指南役」としてフランスへ送り込むことにした。結婚式から七年経った一七七七年四月、ヨーゼフ二世は、フォルケンシュタインという偽名を使ってヴェルサイユ入りした。

ルイ十六世との会見の場面が目に浮かぶようだ。もちろん庭園でのことだったであろう。ルイ十六世は趣味の錠前いじりに熱中していて、ヨーゼフはこれから少し違った手の使い方の話をするのに、どうすれば会話の糸口がつかめるのかと四苦八苦したに違いない。ルイ十四世の愛妾だった女性の体の線をかたどった魅力的な像の近くまで来たヨーゼフは、咳払いをひとつすると、フランスへの旅のおかげで素敵な浮気ができたなどと、打ち明け話をしてみせた。きっとルイ十六世はすぐうつむいて、足のつま先のほうに目をやってしまったことだろう。もっとも太鼓腹が邪魔してつま先は見えなかったかもしれないが。

このセックスに弱気な青年王を前に、ヨーゼフ一世は王妃に対する冷淡さの理由を問い詰めた。彼女はあれほど魅力的なのに、抱きしめたいと思わないのか。肉体の快楽を教えてくれるよう、パリの商売女が必要なのか、少年が好きなのか、それとも髭のたくましい男が好みなのか。ヴェルサイユでは快楽の欲求や好奇心に応えるあらゆるものが調達できるのに、まだ一度もその種の快楽を味わったことがないのか。女性とともに満足し満足させる喜びを知らないのか。矢継ぎ早の質問に対し、ルイ十六世はそういうことには興味がないのだ、と答えた。

そこでヨーゼフはまた良い考えはないものかと思いめぐらせたあげく、王が唯一、情熱を傾けている趣味のことを引き合いに出した。マリー・アントワネットを錠前だとすれば、かけ釘を外したくなるようなきれいな南京錠なのでは、引っ張ってみたいようなほれぼれするような差し錠なのでは、などと持ちかけてみる。ルイ十六世がとうとう打ち明けたことには、妻を戸口で置き去りにするのは、自分が中へ入れないからだという。ヨーゼフは驚いてルイ十六世を見つめた。そんなに頑丈な錠なのか。そういうわけではないが、彼の鍵がゆがんでいるからどんな錠にでもさしこめるわけではないのだ、というのが王の答えだった。

これは意外な、あるいは特異なケースだった。王の柱は立ってはいるが、半旗なのだ。ヨーゼフは実際的で気がきく性格だったので、そういうことならと、非常にシンプルだが、医者やマリア・テレジアが考えもしなかった治療法を思いついた。今度は狩りからの連想だ。雌のグレーハウンド。その時代の男としてルイ十六世も狩りが好きだったから、この比喩は説明を要しなかった。王はその夜さっそく忠告に従ってみた。以後、マリー・アントワネットは夫が狩りに出かけるのを不満に思うことは二度となかった。

第19章　アントワネットの秘められた愛、そして死

大理石の台座の上に立つ「愛の神殿」には壁がない。周りの木立や優美な円柱に囲まれてはいるが、真ん中に置かれた小さなキューピッドの像はとても壊れやすそうに見えるし、神殿はどうしようもなくうつろに見える。トリアノンの寝室からこのキューピッドを眺めていたであろうマリー・アントワネットの愛に似ているかもしれない。たくさんの希望と恋心、たくさんのスタンドプレーと気取りがあったのに、結局この子供の天使は、不機嫌に首をそむけて、ノンと言ったのだった。マリー・アントワネットは運命も悲劇的だったが、愛情に関してはさらに悲劇的だった。「赤字夫人」はカード遊びでついていなかっただけでなく、恋愛においても運が悪かった。

フェルセンとの恋を例にとろう。できれば粋な逢い引きを想像したいところだ。うつむいてマーガレットの花びらをむしる王妃。ハンサムなスウェーデン人フェルセンが彼女の手首を握る。愛し合うふたりはキューピッドの神殿の前で永遠の愛を誓う。そして激しく抱き合う――事実はそうではなかったようだ。神殿を囲んでシダレヤナギがあるが、どちらかというとこの

木の下で泣いているイメージのほうが近い。とはいえ、この恋は幸先の良いはじまり方をした。

一七七三年九月、王太子妃は伯爵に出会った。職業としてはスウェーデン（近衛）軍の竜騎兵《ドラゴン》、余暇に女たらと浮き名を流す。若くて、勇敢で、高潔で、外国人である彼は、みなを振り向かせたが、それを利用することはあっても心を与えることは決してなかった。彼女のほうは、フランスでもっとも渇望されながらもっとも孤独な女性。政務を監督する君主として、情交と不倫の王であるルイ十五世もフェルセンの拝謁式に出席していた。

一月、マリー・アントワネットとフェルセンは、仮面舞踏会で再会する。ドミノという仮面舞踏会用のマントと黒いマスクをつけたふたりは、誰だかわからずに抱き合い、新しく流行り始めた音楽に身をまかせて踊った。どんなに冷酷な心も揺り動かすワルツである。フェルセンは相手が王太子妃だとは気付かなかった、あるいは、気付かないふりをしたのかもしれない。だが、強く抱きしめて、愛らしい耳元に語りかけた。一度しか会っていないフランスの未来の王妃に、彼はすでに夢中だったのだ。舞踏会が行われたのはオペラ座だったが、桟敷席に引き上げたマリー・アントワネットに続いてそこに入ったフェルセンは、夜中の三時になるまで出てこなかった。

そのあと彼女は、満腹になり、パーティーの間立ち続けて背中も足もくたくたに疲れて戻って来て、こんな遅くまで起きていなければならないなんてと社交生活をのろっている不器用な夫にあいさつを済ませて自分のベッドに入ったが、いっこうに眠くならない。ずいぶん前から約束され、自分でもきっと会えると待っていた夢の王子様に、少し遅くはなったけれど、やっと会えたのだ。

ふたりでした会話のひとつひとつ、彼のちょっとしたしぐさ、彼が示してくれた思いやりの数々、手を取られたとき伝わってきたあたたかさ、それらを何度も何度も思い返した。ロマン主義が現れる前の時代であったが、ひとつの魂が天に昇る心地になるのには、それで十分だった。

かなわぬ恋だったのだろうか。そんなことはない。彼女はもうじき王妃になろうとしていた、そうすれば思うままにできるのだ。夫が反対しないことは間違いない。妻の幸せを願っているし、すでにずいぶん前から寝とられ男そのものの様相を呈している。彼女は薄く笑いながら思う。長い歴史のなかで初めて今度は王妃が寵臣をもつことになるんだわ。

さっそく翌日から、フェルセンの気を引くために新しいドレスを何着も注文し、ふたりだけでいられる機会をできる限りたくさん作った。ところが、フェルセンはスウェーデンに帰ってしまう。それから今度はイギリスへ行ってしまった。彼女は船乗りの妻のように、アンデルセンの人魚姫のように彼が戻ってくるのを、再会の喜びを常に心に描きながら待った。彼がまるでそこにいるかのように頭のなかで話しかけ、その同じ瞬間に彼も自分のことを思っていてくれると想像した。

ところが実際に戻ってきても、このハンサムな若い男は、ほめ言葉だけはたっぷりとかけてはくれるものの、礼儀正しく公明正大で率直、そして悲しくなるくらい貞潔だった。少なくとも彼女に対するときはそうだった。毎週日曜日にはトリアノンで食事をともにし、何時間も一緒に過ごしたのに、何も起こらない。事情を知っている彼女の友人たちが、小部屋でふたりだけで過ごせるよう取り計らった、そこには愛の雰囲気があふれていたのだが……。ふたりきりになるとフェルセンは、彼女の顔色がすばらしいとほめ、それからもうじき王の子供が生まれるというのは本当か、と尋ねた。彼女は道を踏み外させないでくれることに口では感謝したが、内心は死にそうだった。目を伏せて、半分身を差し出すようにまでしたのだが、彼はイギリスに滞在したおかげでジェントルマンになれたのだと答えるだけだった。

マリー・アントワネットは辛抱できなくなり始めていた。またしても自分の欲望は満たされることがないのかと恐れたのだ。甘い夢が急速に遠のいていく。彼女はフェルセンのためにあらゆる便宜を図り、宮廷人らに悪くいわれながらも、彼がヴェルサイユのなかをスウェーデンの軍服でぶらつくのを許した。そのことで得たのは周囲の嘲笑と、「王妃は実に美しくて感じがよい奥方です」という彼女のやさしい竜騎兵フェルセンのほめ言葉だけだった。嘆かわしいことだ。

期待しながら、気を引こうとする努力は一七七八年まで続けられた。その年フェルセンはまたイギリスへ発ったのだが、なんと結婚するためだった。婚姻は行われなかったので、マリー・アントワネットは満足のため息をついて、つぶやいた。「あなたはわたくしのもの」。その後、彼女のフェルセンに対する取り計らいはさらに手厚さを増した。近衛連帯の連隊長になれるよう大っぴらに支援したし、ロシャンボー伯爵の副官にもしてやった。王妃のたったひとつの慰めは、宮廷中がフェルセンを彼女の恋人だと噂していることだった。この噂だけは彼女を喜ばせた。

といっても、私はふたりが一度も間違いを起こさなかったなどとは思っていない。それどころではない。マリー・アントワネットの子、ルイ十七世は父親にまったく似たところがなくて、むしろなんともいえずスカンジナビア人らしいのだ。王は息子が生まれた日に、日記に書いている。「王妃がノルマンディー公を産んだ。すべては余の息子が生まれたということで進んでいる」。バスティーユ牢獄が襲撃された一七八九年七月十四日にも「リアン」と書いた王が、ここではめずらしく心情をあらわにしているようにみえる。

私はただ、フェルセンとマリー・アントワネットは相性がよくなかったと思うのである。いくら精神的にはすばらしく意気投合していたとしても、肉体がそれについていけなかったのではないだろうか。ふたりは愛し合って求めあっていたが、ひとたび行為に及ぶと、当惑してお互いを見つめることになった。「こんなはずではなかった」と。ふたりの間には大変な思いやりと共感があったし、もちろん愛もあった。だが、身も心も燃え上がるために必要な輝きが足りなかった。だがそれはマリー・アントワネットのせいではない。思うに、このハンサムで気が利いて繊細で品の良いスウェーデン人は、プリンセスよりドラゴンを相手にするほうが気楽だったのではないだろうか。これはどちらにとっても胸の張り裂けるような事実である。

お互いの苦悶に終止符を打つため、フェルセンは独立戦争まっただ中のアメリカへ渡った。恋愛においてたったひとつの勝利は逃げ去ることである。別離は悲痛なものだったであろう。大量の涙も流れたが、インクも流れた。盛んに書きたてたパリのコラムニストやヴェルサイユの宮廷人からすると、オーストリア人マリー・アントワネットは、体も心も外国人に売り渡したということになった。

　だが、このつらい恋は不滅だった。フェルセンは彼女が一番苦しかった時期に、援助の手を差し伸べたのだ。ヴァレンヌ逃亡事件として知られるルイ十六世一家の亡命計画では中心的な役割を果たし、そのあとも彼女の兄レオポルド二世に、ついでスウェーデンのグスタフ三世に接触してフランスに対して宣戦布告するよう交渉した。それらの試みは失敗したが、フェルセンが王妃を裏切ることはなかった。ふたりは情熱的な手紙をやりとりしたが、悪意を持つ人間の手に渡ったときのことを考えて、それらには暗号や符牒が使われたり、レモン汁で書かれたりした。彼らがかわした手紙のほとんどは失われたが、今われわれの手に残された手紙の、そのわざと読めないように書かれた文面が、ふたりの絆の証となっている。身も心も燃えたという恋ではなかったが、真実の愛だった。

　ここでもまた、マリー・アントワネットは成熟した女性になりきれなかったのだ。自分自身が欲望にさいなまれているというのに、清らかな男性たちにしか愛されないとは、なんという不幸だろう。彼女はそこで、非常に現代的な行動をとった。つまり心と下半身を切り離して考えるようにしたのだ。そうやって、多くの快楽の味を知った。おそらくその慎みのなさはデュ・バリー夫人以上だっただろう。

　私にはこのふたりの女性が憎み合っていた理由がわかるような気がする。不倫を十メートル離れたところから、乱交パーティーならもっと遠くからでも嗅ぎつける人間だということを、お互いにわかっていたのだろう。そして乱行の数々を、マリー・アントワネットの場合は、決して悔い改めることのなかったルイ十五世を手本に、主導権をもっていったのだ。その舞台として選んだのは、義父が遺した愛の巣、トリアノンだった。

マリー・アントワネットは、統治（愛に関しては彼女が支配権を握っていたからだ）を始めたばかりの頃、麻疹にかかりかけているという口実のもとに、数日間トリアノンに引きこもったことがある。病気だという王妃には王女《マダム》エリザベートや化粧・着付け係、侍女らから成る、いつもの取り巻きがなにか楽しい行事にでも赴くようにいそいそと付き添ったが、こうして王妃はまんまと隔離された。ルイ十六世は、例の簡潔で退屈な日記に王妃がトリアノンに行ったことを書いているが、いつもの通りなんのコメントも加えていない。

廷臣たちが立ち去ると、扉は固く閉じられカーテンが厚く引かれた。そして一七七九年四月のこの日の美しい夜、人里離れたトリアノンの小径に足音とささやき声がざわめいた。病気の王妃を看病するために、コワニー公爵、ギーヌ公爵、エステルハージー伯爵、ベーゼンヴァル男爵の面々がやってきたのだ。医者はひとりもいない。みな遊び人と評判の男たちで、それぞれがそれぞれのやり方で、床に就いている王妃のための奇跡の治療法を心得ていた。

ベーゼンヴァル男爵は五十を超えていたが、まだ女性を喜ばせることができるだけでなく、女性を癒やすためのあらゆる方法を事細かに知っていた。その手先ともいうべきエステルハージー伯爵は、素敵な軽騎兵の制服の下に、生まれ故郷ハンガリーのエキゾチックで特殊かつ奇跡の秘密を隠していたし、ロンドンから帰ったばかりのギーヌ公爵は、そこで「凄腕」とあだ名されていたが、王妃が自分の苦しみを距離とユーモアをもってみることができるように、イギリス仕込みの冷静さという粘液を少し仕込んで差し上げようとしていた。まあ、この医者たちはモリエールの作品に出てくる医者たちよりはずっと感じがよかったといわなければなるまい。

二階にあったビリヤード台が格好の手術台となった。王妃がお医者さんごっこをしている間は、召使たちでさえ決して入ることが許されなかった。こうして隔離期間は、完全に閉鎖された城館のなかで秘密裏に過ぎたのだった。

三日後、マリー・アントワネットは頬を赤く染め、目にくまを作ってトリアノンから出てきて、夫にうつさないでなおってよかった、少し退屈したけれど、と言った。看護していた伊達男たちはただちに消え、王妃は麻疹にも見苦しい吹き出物ができる病気に罹患することもなかった。この隔離のあとすぐに、熱に浮かされたように妄想にとりつかれ、うわごとを言うようになったのは宮廷のほうだった。もちろんそれは単に誰かの頭に浮かんだだけの根も葉もない話ではなかった。マリー・アントワネットの熱烈な信奉者であった歴史家のピエール・ド・ノラックなどは、この事件に関して王妃の無実を証明するような説明がみつからないので、困惑したことを認めている。私からみれば、この事件に驚くようなことは何もない。十分に予想できることだ。初夏を思わせる四月に、愛の宮殿ともいうべき場所で、若い人々の間に何があったか想像するのに、偉い学者である必要はないのである。

このとき以降、ヴェルサイユにおけるマリー・アントワネットの評判は失墜した。その後も同じようなことを繰り返したのだからなおさらだ。朝六時まで続く内輪のパーティーを催すこともあったし、忠実なお伴を連れてパリへ「カード遊びに」出かけ、いかがわしい場所を徘徊することもあった。負けの金額が大きすぎると、その負債を体で支払っていると噂する者もいた。パレ・ロワイヤル界隈で、高級娼婦の格好をして売春婦たちに混じっている王妃を見たとか、あるいは見た人に会ったとかいうのだ。

やはりトリアノンにおいて、限られたメンバーで交霊術の会を催すこともあったが、そのために使われた部屋には驚くべき仕掛けがあった。日光を遮るために、カーテンの代わりに鏡が上下するようになっている。暗闇は確かに交霊術に都合がいい、しかし、それとは別の官能的な手遊びにもひどく都合がよかったのだ。その部屋を造ったのはルイ十五世だが、そこに鏡を加えたのはマリー・アントワネットだった。

個人的に私は幽霊を信じないが、ある経験を通して、暗闇の力や暗闇が容認する放埒についてはよく知っている。以前「暗闇で?」という名前のレストランに行ったことがあるが、そこは目の見えない人々の経験を共有する、というもっともな口実のもとに、驚くべき刺激を味わわせる仕組みになっていた。赤ワインで煮込んだ柔らかい肉料理を賞味していると、誰かの手が私の腿の上を探りにくる、誰の手かわからないが、ナプキンを探しているのでないのは確かだ。今でも思い出すとぞくぞくする。大胆になれなかったのは、なにも大胆になることに反対だからではない。そのときの仲間のなかには六十歳以下の女性がひとりもいなかったからである。

マリー・アントワネットを中傷する人々の先頭には、もちろんデュ・バリー夫人がいたが、中傷していたのは彼女だけではない。ルイ十五世の死の翌日に寵姫デュ・バリーはヴェルサイユから追放されたが、その後も新しい王妃に関する噂は悪化するばかりだった。マリー・アントワネットの何がいけなかったのだろう。分別が足りなくて、正直過ぎた。それに十分な如才なさも持ち合わせていなかったのだ。ヴェルサイユでは、貴族が宮廷の一員として全体に組み込まれてさえいれば、乱交パーティーだろうとスワッピングだろうと、なんでも許されうるのだが、不幸なことに、マリー・アントワネットは宮廷をもてあまして、そこから孤立することを選んでしまった。さらに、彼女の取り巻きも気がきいた宮廷人ではなかった。フェルセン、ランバル、ポリニャック、王妃――当時書かれたものをみると、全員が面白みのない性格の、ヴェルサイユではまったく重要でないよそ者として記述されている。

宮廷はマリー・アントワネットの楽しみから除外されたので、彼女の愛した村落を流刑地とみなして、恨みをはらすかのように、容赦なく彼女を中傷した。マリー・アントワネットもプチ・トリアノンにある「王妃の劇場」で自ら演じたことがある、同時代の作家ボーマルシェの『セビリアの理髪師』に出てくる台詞のように、噂の「小さなささやき」が行く手にあるものをすべてなぎ倒すほどの大音響の嵐となることがある。田園の田舎家ではひどく猥褻な馬鹿騒ぎが行われている。洞窟は売春宿で羊飼いと称しているのは色情狂と淫乱な売春婦たちだ……。そんなことをいうのも、宮廷がそこに招かれなかったからなのだ。貴族たちが得意とすることがひとつ、それは他人を悪く言うことだ。

悪い噂は国境を越えて伝わった。マリー・アントワネットの兄ヨーゼフ二世は、ルイ十六世に初めて夫の義務を果たさせた人物だが、世間知らずではなかったらしく、妹が非常に変態的な考えを持っているとし、「読書で膨らんだ想像力による破廉恥な行為」をやめようとしないことをとがめた。

では、その本はどこから来たのだろう。王の子供たちの教育係で、のちに「好色なゲメネ」とあだ名をつけられたゲメネ夫人は、子供たちの下着を換えながら母親の教育もして、特に十本の指の正しい使い方を教えたといわれている。もちろん証明できるものは何もないが、中傷とはそうしたものである。それ以降、マリー・アントワネットが本を持って寝室にこもれば、それだけでみなは、情動をかきたてるような豊かな読書をどうぞ、とばかりにわけ知り顔で彼女を見るのだった。

私は面白がって王妃の本箱にあった本を調べてみたことがある。現在の部屋にあるものではなく、十九世紀の作家かつジャーナリストであり愛書家であったポール・ラクロワが出版した目録を参考にした。ラクロワの目録のなかで、ただ一冊少しいかがわしいと思われたのは、レチフ・ド・ラ・ブルトンヌの『堕落した百姓』だった。羊飼いに扮装するのが好きだった王妃は牧歌的な房事が好みだったかもしれないし、堕落した百姓を物欲しそうに見たかもしれない。しかし、これを猥褻な本と言い切るにはかなりの想像力が必要だ。王妃の書物にはすべて王家の紋章がついている。だから危ない題名の本はマリー・アントワネットが自ら処分したのかもしれないし、女友達に与えたのかもしれない。

私の感覚からするとさらに驚くべきなのは、王妃の本箱に歴史や哲学や科学の本がたくさん含まれていたことである。浴室で見つかったのも『貝の話』という科学書である。まったくもって真面目な本だ。王妃がデカルトやカキの特性についての本を読んで恍惚となったというなら、また話はべつだが。しかしもしそうなら、王妃は本当の変態だったのだろう。

宮廷は王妃の愛人を数え上げるのに飽きると、今度は同性愛の相手がいると言いだした、特にランバル夫人とポリニャック夫人のことである。当時「同性愛の女」は悪徳の道でも最高のレベルに位置付けられ、許しがたく醜悪なもの、中傷文でも「恥ずべきコキニスム（下劣な行為）」と評されていた。では、マリー・アントワネットの「いい人」とはどんな人物だったのだろうか。

まずランバル公妃には確かに、男性というものに愛想をつかしても仕方がない数々の理由があった。ランバルの夫はフランス王家の血筋だが、演劇、特に女優の大愛好家で、うら若い妻に梅毒をうつしただけでなく、女優ラ・フォレ嬢のために彼女の財産を奪った。梅毒にかかった夫が早々と死んでくれたのは良かったが、残されたランバルは一文なしで、梅毒の治療で投与された水銀のせいですっかり衰弱していた。面白いことには、その夫が死んだルヴシエンヌの城館は、数年のちにデュ・バリー夫人の最後の愛の巣となった場所でもある。ランバル公妃は、しょっちゅう気を失い、梅毒病みで、貧乏で、取り柄といったらかかとまで伸びた長い髪だけといった様子で宮廷にやってきた。髪以外の容姿はむしろ醜いほうで、会話の才もなかった。ところが、数年後の一七七五年には、王妃の生活全般の総責任者である宮中女官長という栄えある地位に就くことになる。そのような特別待遇は、ねたみ深い宮廷にサッフォー［古代ギリシアの女流詩人。同性愛だったとの伝説がある］が、つまり彼女の愛人マリー・アントワネットが糸を引いているに違いないと思わせるのに十分だった。

ランバル公妃二十六歳、マリー・アントワネット二十歳、ふたりとも満たされない思いを抱え、愛の歓びに飢えていた。ふたりの間では、うまくいかなかった結婚のことが話題となったであろう。悔しさや期待を打ち明け合い、互いのチャームポイント、ランバルの髪とマリー・アントワネットの肌の美しさをほめ合い、小さな欠点を較べ合い、励まし合って、それからやさしく抱き合う。その抱擁にもう少しやさしさと面白味や独創性をつけ足そうとするうちに、もはや清らかと言えない関係になっていった。私はそんなふうに想像する。だからそれは、恋情というより友情と探究心だっただろう。八歳の頃、なかよしの幼いいとこが「おちんちん」を見せてくれたような、そんな子供同士の秘密の域を出ない。この関係に危険はまったくなかった。ふたりにとって、一方は夫の、他方は義父の死の原因となったヴェロールほど恐ろしいものはなかったからだ。

マリー・アントワネットは長続きする情熱をかきたてることはできなかったかもしれないが、ふたりの誠実な友がいた。それがフェルセンとランバルである。ランバル公妃は、フランス革命の際、留置されていたグラン・フォルス監獄の外に出されたとき、群衆に襲われた。ふたりの男が彼女の腕をつかんで、サーベルの一刀で首を切り落とした。話によると、そのとき、血がからみついた金髪の編み目から隠してあったマリー・アントワネットの手紙が落ちたという。

体は揺らめいて、地面に倒れた。切り落とされた頭は槍の先に掲げられて群衆のさらしものとなったが、残虐な行為はまだ続いた。暴徒たちは飛びかかって素手で胸を引き裂き、心臓を引き抜いた。そのあと服を脱がされた頭のない体は、パリの人々の見世物となった。暴徒のひとりは彼女の性器の部分を切り取って髭にした。王妃との同性愛を償わせるというのだ。私は度量が広くありたいとは思っているが、女性の性器を切り取るというようなことをさせる徳とは一体なんなのだろう。革命の道徳的規範には、ときとして理解に苦しむことがある。

ふたりと違って少しよからぬ匂いのするのは、ガブリエル・ド・ポリニャックとの関係である。小柄で陽気で、うっすらと口髭をはやした彼女は、ヴェルサイユに着くや否や「愉快な放逸党」の先頭に立った。王妃に快楽のなんたるかを吹き込み、指南したので、王妃は彼女なしでは何もできなくなっただけでなく、年に五十万リーブル以上という途方もない額の金も渡した。それを「淫らなガブリエル」は家族のために使った。少なくともこれだけは認めよう。ポリニャック夫人は家族思いだった。王妃が農婦に扮して乳搾りをしている間に、彼女は王家の金を搾り取っていた。

ランバルが悲しみを聞いてくれ、肩で涙を受け止めてくれ、そのうち自分も一緒になって悩み、泣き出し、王妃を慰めようとむき出しの胸やひざを差し出してくれる相手だとすれば、ポリニャック公爵夫人は、一緒にいて退屈しない相手で、王妃を元気にし、蓮っ葉にし、なんでも試してみようという気にさせた。いずれにせよ、ポリニャック夫人と過ごす時間は軽薄で楽しく、慎みのないものだった。彼女はきわだって有害な交際相手だったといえよう。だが、とにかくマリー・アントワネットは退屈していたのだ。しかも王妃の地位がずっと続くことはないと感じていたのだろう。彼女は誘惑には弱かった。特にそれが女性からのものであるときには。ふたりが意気投合しないはずはなかった。ポリニャック夫人は王妃の気を紛らせるという役目を引き受けたのだ。

しだいに王妃はトリアノンを離れなくなり、彼女とその取り巻きたちはこれを最後と楽しんでいた。夜が明けるまで、革命がマリー・アントワネットとその家族を連れ出しにくるまで、存分に徹底的に饗宴を楽しんだ。母マリア＝テレジアは心配して、「ひとつならず例を知っていますが、そのようなことをしていると、面倒な恋愛沙汰に巻きこまれたり、やっかいな騒動となるに決まっています」と大使メルシー・アルジャントーに書き送っている。

革命のパンフレットに書かれているようにポリニャック公爵夫人が「愛液マニア」だったということはありえないだろうが、彼女が王妃の悲惨な評判に関係していた部分が大きかったこと、何の心の迷いもなしに王妃を見捨てたことは確かだ。一七八九年初頭、ポリニャック夫人は小間使いに変装してヴェルサイユを発ち、スイスへ逃げ、数年後にそこで死亡した。彼女が犯したとされるでっちあげの、あるいは本当のさまざまな過ちのうち、この最後の裏切りを私はなんとしても許せない。

大変奇妙なことがある。生存中は激しく憎まれていたマリー・アントワネットが、その後評価されるようになり、それが今でもまだ続いていることだ。王国が終焉を迎えるとすぐに、そして死後はもっと、オーストリア女「淫らなアントワネット」は称賛される王妃となった。三色スミレに隠された王妃の肖像の版画が、ひそかに流通した。もっと驚くべきなのは、彼女の胸の型でできたお椀も出回ったことだ。私も是非、朝食のジャムやバターを塗ったパン切れを、そんなカップに入れたコーヒーに浸して食べてみたいものだ。

今日では、マリー・アントワネットを福者［カトリック教会で、死後、その聖なる生涯ゆえに尊敬を受けることを認められた者］にしたいと思っている人もいる。一七九〇年代、パンフレットがもっとも辛辣だった頃は「フランスのメッサリーナ」と呼ばれていたというのに。結局、宮廷も革命も中傷という点では似たようなものだった。不倫のカップルを招待することを拒否していた王妃だが、こんなふうにも歌われていた。

ルイよ、父無し子と寝とられ男と売女を見たいなら
王子と鏡と王妃をみればいい

こうした中傷文の題名は実に意味ありげだ。「マリー・アントワネットの怒れる子宮」「マリー・アントワネットの愛の一日と最後の楽しみ」「タンプル塔におけるアントワネットと彼女の豚の誘惑」「タンプルの四旬祭、傲慢の飾りのはく奪と……」タイトルが長ければ長いほど、そこに表れている考えは偏狭で、攻撃は低俗だ。原題の文明化した社会では、権力者に対するこれほど乱暴で猥雑な発言は決して許されないだろう。どんなタブロイド紙でもどんな辛辣な

新聞でも、これらに書かれているようなリードを使う気はしないだろう。有名な『貴族の紙ばさみ』には「ヴェルサイユの同性愛《トリバート》の女の話」が語られている。作者は不明だが、そのほうが身のためだ。

私は歴史ものに関して、多少の想像力をふくらますことには全然反対ではないが、それはあくまで真実の逸話に基づくときであって、中傷には嫌悪を覚える。中傷は、正当な力のない者が使う忌まわしい武器である。しかしながら、このような下劣なパンフレットのなかにも、ひとつかなり滑稽なものがある。劇の台本で『王室だより』という題名がついた、ヴェトという夫婦の不運な話だ。軽い風俗喜劇《ブールヴァール》だが、冒頭のところを是非紹介したい。

ムシュー・ヴェト　（差し錠にヤスリをかけて楽しみながら）とんでもないぞ、あのトワノンのあまは。一発びんたをくれてやったから、懲りたろうに……余は怒っておるぞ……もちろん、あいつのせいだ……余が酔っぱらうと、あいつは余を強情にさせる……怒ったぞ……思いっきり殴ってやる……おあいにくさまだ。おまけに、余の差し錠はちっともはかどらない、余を王座に戻すのを急ぐことはない……それがどうした、余が気になるのは、一日過ごすための十五本のワインをもってこないことだ……ひどくのどがかわいたぞ。

マリー・アントワネット　（頭にタオルを巻いて、右の頬に膏薬を貼っている）あら、豚はまだ酔ってないようね。

マリー・アントワネットに対する怒りの中心には、革命を起こした民衆が忌み嫌った王政への恨みがあった。しかしその時代においてさえ誰の目にも明らかだった不公平があった。男性の立場と女性の立場の問題である。ジュポンを身につけているとあれば、片端からスカートをめくっていく男性はカサノヴァで、愛人がいることを公にしている女性はふしだらな女といわれる。マリー・アントワネットが経験したといわれているアヴァンチュールの数はルイ十五世よりむしろ少ない。ルイ十四世でさえ彼女よりは多い。だが、ふたりの国王が後世に対して、愛人の数を男らしさの勝利の記念として誇れるのに対して、マリー・アントワネットは「放埒」の罪を贖わなければならないのである。

王妃の侍女長であったカンパン夫人は、「フランスでは、王妃のお気に入りの女性の境遇は幸せではありません。女性に対する心づかいということで、王の愛妾たちのほうはとても寛大に扱うのに」と言っている。マリー・アントワネットは嫌われ、けなされ、恥ずべき行為をしたと責められた。革命とはそうしたものだろう。だが、それは彼女が女だったからでもあったのだ。ルイ十五世よりももっと、彼女は愛されなかった。

第20章　庭園では今も……

「大変恐縮ですが、よろしいでしょうか……」

私がいつも嫌だと思うは、知らない相手からうわべだけの丁重さで話しかけられることだ。そういうとき相手は何かを頼もうとしているか、悪い話をしようとしているかのどちらかだ。私の前に立った男性の、堅苦しくてもったいぶった感じからすると、二番目のほうに違いない。長身でシックで、堂々としている。額には、心配事があるのか頭痛のせいなのか、しわを寄せて、ひどく怒っているように見える。だが、ブルジョア特有の淡々とした怒りだ。スチール・グレイの背広と流行に左右されない永遠のローデン・コートからは、古くからある大きな会社の重役といった雰囲気がただよっている。女性を伴っているが、おそらく愛人か、夫人ならまだ結婚したてなのだろう。落ち着いた夫婦にだけ見られるあの霊妙な絆のようなものが感じられない。その女性はまるで飼いならされた復讐の女神メガイラのようで、髪をシニョンに結って眼鏡をかけ、くたびれたような口紅をつけていた。

私が椅子をすすめると、男性は礼儀正しく断ったが、その近くに腰をかけた女性は、機嫌が悪そうに自分の爪を見つめながら、心のなかでは叫んでいるようだった。「あのすけべえに弁償させてやりなよ」。というのも、このご婦人は、ブランドものの服を身につけているのにもかかわらず、いささか下品だったからだ。長い午後になりそうだぞ、と私は思った。一九八〇年代中頃のことだ。

男性は話を続けた。「私たちはおたくの従業員のことで苦情を申し上げにきたのです」。うちのスタッフのことは全員よく知っているが、ブルジョアのカップルの恨みから守ってやらなければならないような人間はいないはずだった。私はわざと驚いたふりをして、何をそんなに怒っているのか説明を求めた。気持ちを高ぶらせた男性は、胸を張って、大げさな声音でむしろ自慢げに言った。「私とここにいる友人は、狂おしく愛し合っておったのですが、そこへこちらの庭師がひとり、上から落ちてきたのですよ」。その手の事件はその時代、かなりしょっちゅうだったので、私は決まり文句で対応した。

「うちの従業員たちは、たまにデリカシーに欠けるところもありますが、これは公共の場所ですので、他の人が全然いないということでもないし、完全に秘密が守られるというわけではないのですよ。ですから、うちの庭師が注意してさしあげることになるわけで。お客様としても、他の見学者に見られてはお困りなのでは」

男性はこうした場面でよくあるように、下を向いてしばらく熟考しているようだったが、ため息をつきながら言った。

「われわれ以外誰もいませんでしたよ。しかもいきなり出てきて驚かしたといって責めているのではありません。上から落ちてきたことを言ってるんです。わかりますか、空から降ってきたんですよ」

羽根のある庭師に心当たりはない。驚いて、その空飛ぶ庭師がどんなだったか話してもらうことにした。事態を収拾するためであるが、誰だかわかったら、あとでその庭師から事情を説明してもらおうと思ったからだ。女性のほうが、ヘビースモーカーとわかる声で、その男の特徴を挙げ始めた。三十歳くらいで、ややがっしりしていて、髪は黒っぽく、小さな口髭、青い作業着。女性の描写は非常に正確だったので、なかなか観察眼があるなと感心したほどだ。私は「では、必要な処置をとります」と約束してふたりを安心させ、次回はもう少し場所を選ぶよう釘をさしてから、戸口まで送った。ふたりは手に手を取り合って帰っていった。女性のほうは満足げに肩を揺すっていたが、男性のほうはどうしたわけか座骨神経痛か斜頸をいたわるようなぎこちない足取りだった。

五分後には、その庭師が私の部屋にいた。今あったばかりの災難の話をしてふたりで笑ったのだが、彼が目撃しただけでなく参加までした光景の話をしてくれたときは、もっと笑った。何週間か前から彼は、プチ・トリアノンのそばにある「ラビリンス（迷路）」の茂みのなかで、あらゆる点から見て立派なカップルが、さまざまな姿勢で楽しそうにじゃれ合っているのに気がついていた。のぞきの趣味はないのだが、女性は美人だし、その年の春は特別穏やかで、庭師の仕事にも時間にゆとりがあった。彼が仕事をし終わった五時に、恋人たちはいそいそとやって来た。（本人の主張するところでは）彼らを驚かさないように、木によじ登って枝につかまった姿勢で、眼下で行われている別の意味のよじ登りを見物することにした。

こういうとき、人はことを始める前にあたりを見回しはするが、頭上までは確かめないものだ。庭師はかなり高いところの枝にいたので、もう少しよく見ようと体を乗り出したのだが、そのとたん、座っていた枝が折れた。庭師は軽業師とは違う。頭から先に、腕を左右に伸ばした格好で落ちはじめた。

落下中の数秒の間に、歓びの声ならぬ恐怖の声を上げている女性の引きつった顔が見えたという。空飛ぶ庭師が男性の背中の上に激しくぶつかりながら着地すると、その反動で、男性の腰は記念すべきひと突きを恋人に送った。結局、女性には忘れられない思い出が、男性には背中の痛みが、庭師には恐怖が残ったのだった。

このエピソードは特に印象深いもののひとつだが、他にもいろいろある。私の知る限りでも、私がヴェルサイユで働くようになった最初の年の一九七六年から一九九〇年代半ばまでの間、木立の陰で取り込み中のカップルを一組も見かけない日は一日としてなかった。それどころか三、四組はいた。もちろん動物は別として、である。時代の風潮というべきか、それに身を委ねないのは時代遅れというわけだったのだろう。あるときなどは、「プルーズ・ド・ラ・レーヌ(王妃の芝生)」の上にいた熱狂的なカップルを、庭師のひとりが力づくで引き離さなければならないこともあった。どうにも止めさせることができず、他によい手段がなかったため、その力持ちの庭師は、右の手と左の手でひとりずつつかむと、そのままふたりとも池に投げ込んだのだ。

また、毎年季節が巡ってくるように繰り返される典型的な場面もあった。たとえば、愛し合う若いふたりが、グランカナル（大運河）の奥のほうで気の向くまま愛し合おうと、ボートを借りる。ところが、一生懸命漕いだり、吸い上げたりしているうちに、ボートが漂ってゆうゆう岸辺にたどり着き、気がつくと家族連れがアイスクリームを食べているラ・フロッティーユのテラスの前だったりするのだ。夜祭りの折に、暗いから誰にも見られないと思った若い恋人たちが、芝生の上で抱き合っていたら、そこから数センチのところで爆竹が破裂して、そこに集まっていた大勢の人たちが思いがけないスペクタクルを楽しんだ、ということもあった。ただ一瞬のことだったので、みな本当に見たかどうか確信がもてないくらいだった。ヴェルサイユの若者たちが黒ミサをしたこともあったが、最後には必ずあらゆる形態での霊的交感が行われていた。

あだ名までついた常連もいた。ボルボの車内でおごそかにことを行う「パイプ女」は、相棒のためにシガーライターをするのが好きで、私のスタッフを楽しませてくれた。「アルマンド」は極端に痩せた女性で、よく「エトワール・ロワイヤル（王の星形広場）」の近くの芝生の上で骸骨のような肢体をさらしていたものだ。それから、ブドウの葉っぱをつけていない「アダム」は、庭園の奥のほうで、うちのスタッフに見つかるたびに驚いたふりをするのだった。

私は、人ごみから数センチしか離れていないのに、この世にふたりだけだと思っている恋人たちのことをさして気にかけないし、スタッフがヴェルサイユのゴミ箱のなかでみつけてくる、男性の性の快感を刺激するありとあらゆる種類の道具にも関心がない。しかし、確かにかなり怪しい趣味だとは思うが、こういうものを集めている人もいて、ヴェルサイユの茂みのなかから見つかった人口膣を十個も持っていたそうだ。

ヴェルサイユにおけるセックスにまつわる雑多なエピソードのなかでも懐かしく思い出すのはこんな話だ。ひとつは、私が「壁の下で」と命名したものだ。そのとき私はグラン・トリアノンを過ぎて温室へ向かう道を歩いていたのだが、アスファルトで舗装された道の真ん中で、若い男が夢中になって女友達を抱擁していた、手は彼女の股の間を撫で回している。私は気づかれないようにしたが、通りすがりに、この果たし合いのため、お嬢さんがミニスカートをはじめ矯正下着ゲピエールや絹の靴下などの戦いの道具一式を次々を脱ぎ捨てていくのに気がついた。私は、その量の多さに驚嘆しつつ、人の目も寒さも、ものともしない人たちがいるものだと感心しながら彼らが服を着るまで他の用事を足してやり過ごすことにした。それから温室のほうへ戻ってくると、ふたりは消えていた。

温室のなかは寒くなかった。空気は熱く、湿っていて埃っぽくて、それになんとなくいつもと違う不穏な感じがした。というのもそこには誰もいなかったからだ。クレオーム、ダリア、ベゴニア、シオン菊、ストック、ヴェルヴェンヌ、ラベンダーといった植物が、みな放っておかれている。そこここに、シャベルや植栽用こてが落ちている。まるで爆弾でも破裂したかのようだ。呼んでみたが返事はない。ロッカールームにも誰もいない。作業場も、オレンジ用温室も空っぽだ。この部署にいるはずの庭師がみな消えてしまっていた。私は毒づき、どなった。心配だったからだ。そのとき苗床の壁の上に頭が見えた。近づいてみると、庭師たちがひとり残らずはしごやドラム缶やトレーラの荷台に乗って、仕切り壁に張りついている。みな壁の向こう側をのぞくのに夢中になっていて、私が来たのに気がつかないようだ。

壁の向こうでは、先ほどの若者が女戦士の靴下留めと格闘しているところだった。どうやら彼らが取っ組み合いを始めてからだいぶ時間が経つらしく、お嬢さんの叫び声はかすれている。間もなく若者が最後のシンバルをならすと、見物していた庭師たちから歓声が上がった。信じ難いかもしれないが、ふたりのアーティストはどうも初めてではなさそうなパフォーマンスに気をよくして、「客席」のすぐそばまで来て、あっけにとられている観客に向けてあいさつしたのだった。

また、よく晴れた冬のある朝のことだった。私たちはイバラがはびこらないように、植えこみを剪定していた。使っていた機械はジャイロクラッシャーといって、刈り込んでは粉々にする巨大な芝刈り機のようなもので、トラックに似た音を出す。「アレ・デ・ランデブー（出会いの道）」の近くに、不倫の名所となっている木立がある。確かに便利な場所だ。入口が庭園の鉄柵のすぐ近くなので、こっそり行くのに都合がいい。その日に限って折悪しく散歩に来た近所の人に会うこともない。それにとても大きくて（庭園のなかでも大きいほうだ）よく茂っている。昼でも夜でも、いつ来ても間違いなく落ち着ける一角が見つかるだろう。恋人たちに配慮して、刈り込みは特別注意しながら、できれば朝のうちに行うようにしている。

この木立は本当によく利用されていて、その朝も作業をしていた庭師は、いきなり巧妙に絡み合ったふた組の脚を見つけて、びくりと震え上がった。脚の持ち主たちは心配しなかったとみえて、また絡み始めたが、機械のスピードを落として待っていると、数分後にやっと情事に切りをつけ、足早に立ち去ってくれた。逆に、下のほうで木蔦が動いてウサギが見えたように思ったときは、急ブレーキをかける。

庭師はみなそうで、木立のなかに出没する背中がふたつある動物よりはウサギにやさしい。モーターが止まると飛び出してきたのは、ベトナム戦争の古参兵のような格好をした、小さな男だった。頭に小枝をかぶり、顔は泥だらけで、ズボンのボタンがまだはずれたままになっている。ベトナムの古参兵はのぞきでも古参のようで、戦略としては、塹壕を掘ってそこに隠れるのに勝る方法はないということだったのだろう。

庭園内で慎みを欠く行動をするのは、無名の人々だけではない。お気に入りの木立を思い起こすだけで、恥ずかしさとうれしさで頬を赤らめるだろうと思われる有名人を、私は大勢知っている。特にある女優は一九八〇年代、常連だった。私の庭師たちは、すけすけのドレスを着て雑誌のトップに載っている彼女の写真を個人的に見るために金を払うだけでなく、彼女を公の場で無料で見るために「アモー・ド・レーヌ（王妃の村落）」まで行ったものである。

その女優にはトリアノンのところで恥骨をさらしたがるという、妙な癖があった。しかし、一応服は着ていた。短いスカートを、連れの男性が思い切りまくり上げるのである。観閲式に集まる人数が多いほど満足そうだった。そして、観客が日本人の場合などは、彼らがシナリオをよく理解できるように、身振りや表情をより大きくしてみせるのだった。管理人が何度か彼女に、その才能は隠しておくようにしてくれないかと頼んだのだが、本人はみんなにもそれを活用してもらいたい、と譲らなかった。そこで私の出番となったのだが、そのときもらったサインを今も持っている。

政治家は国王の旧領地で不貞を働くことを好むらしい。私はヴェルサイユで、右派にしろ左派にしろ、あらゆる立場、あらゆる党派《パーティー》の政治家をこれ以上ないほど親密なパーティーで見かけた。そもそも、彼らの多くは有効な採択などできるのだろうか。思い出すのは、グラン・トリアノンからそれほど遠くない、「フェール・ア・シュヴァル（馬の蹄鉄）」の近くで女性の叫び声を聞いたときのことだ。楽しんでいる声とは違う。それと一緒に極めて卑猥で侮蔑的な罵詈雑言も聞こえた。

義侠心にかられて、私は慎重に近づいていった。誰かに襲われているのに違いないと思ったのだ。気の毒な被害者を救うため今にも飛び出そうと身構えながら、茂みのなかを進んでいった。ところが、その若い女性は侮辱されているどころか、木につかまって脚を開き、ある名士から雷のように激しいあいさつを受けているところだったのだ。その名士は立っていたが、私が近づいたので往復運動と罵詈雑言を中断して、こちらを向き、愛想よくほほ笑んだ。一瞬握手を求められるのかと思ったほどだ。

夜になってテレビをつけるとニュースに、尊敬すべき右派代議士であるくだんの「襲撃者」が出ていて、青少年向けの番組の恥知らずなまでの放埒さを批判して、これでは倫理というものがまったく失われてしまうと、午後に見せたあの腰の動きと同じくらい情熱的に毒舌をふるっていた。この政治家がののしりながら激しく揺り動かしていた若い女性は、少なくとも彼より三十歳は若いようだったから、証拠に基づいた判断が可能だったということなのだろう。

ヴェルサイユは、若者や有名人だけの愛の巣ではない。私はお年寄りの素敵な恋の話もいくつか知っている。まるでこの庭が、訪れる人々に若々しい生気を与える力があるかのようだ。もちろん、毎日のように杖をつきながら散歩に来る、ギリシア神話のピレモンとバウキス夫婦のような仲睦まじい普通の老夫婦もいて、黙ってベンチにすわると、妻のほうはカモに餌をやり、夫のほうは補聴器を調整しながら、管理人に大声であいさつする。

しかし、本当にこの庭には人を奔放な気持ちにさせる力があって、その力はもはや若くない世代の人々にも働くのだ。その証拠にはヴェルサイユに到着するやいなや、石鹸の香りのする高齢のご婦人がたは「入口のところにいる若い人」について盛んに知りたがるし、ラ・フロッティーユではウエイトレスの胸元の匂いを嗅ぐ楽しみのためだけに、尊敬すべきおじいさま方が飲み物をもうひとつ注文する。それだけではない、ヴェルサイユにはご老人を乗せた観光バスが非常にたくさんやってくるので、老齢の人々を見かける機会も多いのだが、みな若々しい。もちろん比較的にという意味ではあるが。

そして、彼らの一番のお気に入りは「愛の神殿」だ。ある時期、この建物が鉄柵で囲われていたことがある。ある日、この地区で仕事をしていた私は、革命の群衆のように熱狂して大騒ぎしているご老体の一群を見て、本当にびっくり仰天した。みんなで柵にぶら下がり、「愛の神殿」のある小さな島の上ではしゃぎ回っている若いカップルを見物していたのだ。もっとも白内障のせいでそれほどよく見えなかったかもしれないが。おばあさまたちは、島の上のハンサムな若い男に今にも飛びかかりそうだったし、おじいさまたちは目の保養をしてご機嫌だった。

また、ふたり合わせて百四十歳は下らないだろうと思われるカップルを定期的に見かけた時期もあった。彼らはヴェルサイユの庭で、杖と厚いタイツを地面に放り投げると、毎日の健康のためにする散歩のときとは打って変わった途方もないしなやかさを発揮するのだった。

伐採が原因だろうか。以前は人があまり行かなかった場所にも大勢の木こりが入るようになったせいだろうか。騎馬警察隊がパトロールするようになったからだろうか。ヴェルサイユが甚大な被害を受けた一九九九年の大嵐以来、庭園にカップルが寄り付かなくなってしまった。嵐は木々をなぎ倒しただけでなく、恋する人々も、それまで庭園を賑わせていたヌーディストや露出狂やその他の珍種の生き物たちも一掃してしまった。

私は一九七〇年代の性の解放を経験するには若すぎたし、かなり早く結婚したので、良き時代を遠くから眺めて、今日庭園を支配する静けさを残念に思うことしかできない。それでも、木々はまた生えてくるし、自然はその権利を取り戻す。私は、恋人たちもやがてまた戻ってきて、この庭園に迎え入れられたその宵の寵姫たちが、かつての王や王妃のため息に、新たな吐息を加えるのではないかと感じている。

訳者あとがき

――ヴェルサイユ宮殿の庭師が、庭園を案内し、そこここで足を止めながら、かつてそこで生きた王たちの素顔や、禁じられた恋、奔放な性、女性たちの野望を語り、荘重なヴェルサイユ宮殿に血を通わせてくれる――

これは、ネット版フィガロに掲載された本書紹介文の一部である。何かと話題を呼んでいる本書であるが、一般読者の間でも「現役の庭師が、恋愛という極めて私的な切り口から語ったユニークな歴史」だと高く評価する声と、「スキャンダラスすぎる」と批判する声が賑やかにいきかって、フランス人の歴史好き、ルイ王朝好きをうかがわせる。

本書《L'Amour à Versailles》(『アムール・ア・ヴェルサイユ』)は、三十年来ヴェルサイユの庭師を務めるアラン・バラトンが二〇〇九年にグラセ社から出版したものである。序文でも触れているが、バラトンは庭師としてヴェルサイユで働くなかで伝え聞いたエピソードに史実の肉付けをほどこし、想像を膨らませて「まるで見てきたような」臨場感を演出することに成功している。

ヴェルサイユは、日本人にも人気の観光地である。漫画や宝塚歌劇団の大ヒット作品『ベルサイユのばら』に登場する悲劇の王妃マリー・アントワネットを思い浮かべる方もいるかもしれない。バラトンはそのヴェルサイユを舞台に、フランスが最も輝いていた十七世紀ブルボン王朝を、恋愛という切り口から描く。フランスの歴史に詳しくなくとも読み物として楽しめ、歴代の王や王妃たちに親しみを感じさせてくれる。当時のフランス女性たちの男性籠絡術もかいま見え、王の愛妾たちが○○夫人と呼ばれる所以なども知ることができるのも興味深い。

今は華麗な宮殿がある場所も、アンリ四世が統治していた十六世紀末にはまだ、怪しげな安宿が一軒あるだけの未開の地だった。魅力あるこの狩場に王はしばしば狩りに訪れ、ついでに美しい村娘たちとの恋愛ゲームに興じた。これがヴェルサイユでの王たちと女性たちの恋愛物語の始まりである。

当時の結婚は、百パーセント政略結婚といってよく、強く惹かれ、心から愛し合える相手と結ばれることは滅多になかった。王たちはせっせと、王妃以外の女性たちとの恋を楽しんだ。

そんな王たちのなかでも、特に女性遍歴が華やかだったのは、太陽王ルイ十四世と、その孫にあたるルイ十五世である。ルイ十四世は、生まれ落ちたときから栄光の道を歩むべく定められた神童だったが、少年期から女性を含めたあらゆる人々の称賛と羨望をほしいままに集めていた。女性たちとさんざん浮名を流したこのルイ十四世も、若いころには王位すら賭けてもいいほどの恋を経験していたらしい。そう聞いただけで、雲の上の人のように思われた太陽王もにわかに人間らしく、身近な存在に感じられるのではないだろうか。ルイ十四世はその後、絶対王朝を盤石にしていくなかで、次々に美しい寵姫《ファヴォリット》たちを獲得していく。王は無垢な聖女のようなルイーズ・ド・ラ・ヴァリエールのためにヴェルサイユを美しい宮殿に生まれ変わらせ、「マリリン・モンローの体にシモーヌ・ド・ボーボワールの頭脳を持った」モンテスパン夫人がそれをさらに磨きあげていった。絶頂期を迎えたヴェルサイユと王朝だったが、栄光は長くは続かなかった。ルイ十四世が老いるにしたがい、王朝にも次第に影が射してくる。晩年、病魔との闘いに明け暮れた王は、信仰に救いを求め、年上でしっかり者のマントノン夫人に頼るようになる。彼女の登場とともに、華やかな楽園は堅実で格式ばったものへと変貌していった。

ルイ十四世の跡をついだルイ十五世が王位についても、王朝の弱体化に歯止めはかからず、ヴェルサイユは爛熟期から衰退期へと向かう。ルイ十五世の有名な寵姫ポンパドゥール夫人は、王の愛を独占し、才気と美的センスで華やぎをもたらすものの、若くして病没し、ルイ十五世に大きな衝撃を与える。もともと鬱気味で病的な面があった王は自暴自棄になり、女あさりに明け暮れ、トリアノンを舞台にいつ果てるともしれない乱痴気騒ぎを演じるようになったという。

王朝衰退の流れはそのままルイ十六世の時代に受け継がれていく。日本で最も人気の高いブルボン王朝最後の王妃マリー・アントワネットはそんな状況のなかで嫁いできた。ルイ十六世とのすれ違いに絶望し、『ベルセイユのばら』で一躍有名になったフェルセンとの恋に望みをかけるが、作者によれば、どうもフェルセンは引き気味で、燃えあがる恋とはならなかったようだ。『ベルばら』ファンはがっかりするかもしれないが、このふたりが真実の愛で結ばれていたことは間違いない。王妃が最も助けを必要としたとき、フェルセンは命を懸けて彼女を守ろうとしたのだから。

庭師としてヴェルサイユを知り尽くしている作者は、庭園を細部にいたるまで詳細に描きながら、王家の人々が繰り広げた愛の情景を鮮やかに再現してみせる。必ずしも史実に忠実な場面ばかりではなく、その点については読者の意見が分かれるところだが、庭園で躍動する歴史上の人物たちが必ずや読む者を楽しませてくれるだろう。王も王妃も愛妾たちも、若く美しく、みずみずしかったときを経て、老いて病を得、力を失って、醜く哀れな存在になっていく。権勢を極めた者にも衰退は等しく訪れる。読み進めるうち、読者は静かな哀しみが胸を浸していくことにふと気づかされるのだ。

本書に登場する誰もが、愛し、愛されることを求め、富や権勢を渇望し、策略を巡らし、勝ち誇り、憎み、ときには狂気に走る。ヴェルサイユという最高の舞台で、人間らしく、自分の想いに忠実に生きていた。作者は彼らの生きざまを愛情をこめて描いていく。

ヴェルサイユが秘める魔力に突き動かされるようにして、そこに足を運んだ人々は愛を交わしたのかもしれない。訳を進めるうち、訳者もいつかヴェルサイユを訪れ、かつて王や愛妾たちが愛し合ったボスケや小部屋を見てみたいと思うようになった。

本書は、土居佳代子さん、村田聖子さんと三人で分担して訳した。本来翻訳は孤独な作業だが、参考資料や情報を交換し、協力し合えたのは何よりありがたく、楽しい時間を共有することができた。
最後になったが、本書を訳す機会を与えて下さった原書房の中村剛さんとリベルの山本知子さんに心からお礼を申し上げたい。我儘を聞いていただき、また、適切なアドバイスを下さったことに心から感謝している。

二〇一三年三月

園山千晶

アラン・バラトン（Alain Baraton）
庭師、作家。フランス、ヴェルサイユの庭園で30年以上働く。数あるヴェルサイユの庭園のなかでも著名な「トリアノンの庭園」の主任庭師を務める。歴史に造詣が深く、ヴェルサイユの庭園に関した書籍を多数出版。ガーデニングをテーマにしたラジオ放送にもたびたび出演する。

園山千晶（そのやま・ちあき）
1973年上智大学文学部仏文科卒業。出版社勤務、国際会議運営会社等経営を経て2010年よりフリー。『初めてのフランス語会話』（新星出版）監修、レコードジャケット、音楽会・映画祭パンフレット、ファッション専門紙の翻訳などを手がける。

村田聖子（むらた・きよこ）
夫の仕事でフランスに滞在したのをきっかけに翻訳の勉強を始める。
『2033年地図で読む未来世界』（早川書房）翻訳協力。

土居佳代子（どい・かよこ）
1972年青山学院大学フランス語フランス文学科卒業。法律事務所勤務。

ヴェルサイユの女《おんな》たち
愛《あい》と欲望《よくぼう》の歴史《れきし》

●

2013年3月29日　第1刷

著者…………アラン・バラトン
訳者…………園山千晶《そのやまちあき》・土居加代子《どいかよこ》・村田聖子《むらたきよこ》
翻訳協力…………株式会社リベル

装幀…………佐々木正見

発行者…………成瀬雅人

発行所…………株式会社原書房

〒160-0022 東京都新宿区新宿 1-25-13
電話・代表 03(3354)0685
http://www.harashobo.co.jp
振替・00150-6-151594

印刷…………シナノ印刷株式会社
製本…………東京美術紙工協業組合

ISBN978-4-562-04906-6, Printed in Japan